Tomáš Halík

Die Zeit der leeren Kirchen

Tomáš Halík

Die Zeit
der leeren Kirchen

Von der Krise zur Vertiefung des Glaubens

Aus dem Tschechischen von Markéta Barth
unter Mitarbeit von Benedikt Barth

FREIBURG · BASEL · WIEN

Titel der Originalausgabe: Čas prázdných kostelů
Nakladatelství Lidové noviny, Praha 2020

© Verlag Herder GmbH, Freiburg im Breisgau 2021
Alle Rechte vorbehalten
www.herder.de

Die Bibeltexte sind entnommen aus:
*Die Bibel. Die Heilige Schrift
des Alten und Neuen Bundes.
Vollständige deutsche Ausgabe*
© Verlag Herder, Freiburg im Breisgau 2005

Satz: Carsten Klein, Torgau
Herstellung: GGP Media GmbH, Pößneck

Printed in Germany

ISBN Print 978-3-451-38994-8
ISBN E-Book 978-3-451-82249-0

Alles hat seine Stunde. Für jedes Vorhaben unter dem Himmel gibt es eine Zeit:

eine Zeit zum Gebären und eine Zeit zum Sterben, eine Zeit zum Pflanzen und eine Zeit, die Pflanzen abzuernten,

eine Zeit zum Töten und eine Zeit zum Heilen, eine Zeit zum Einreißen und eine Zeit zum Bauen,

eine Zeit zum Weinen und eine Zeit zum Lachen, eine Zeit zum Klagen und eine Zeit zum Tanzen,

eine Zeit zum Steinewerfen und eine Zeit zum Steinesammeln, eine Zeit zum Umarmen und eine Zeit, sich der Umarmung zu enthalten,

eine Zeit zum Suchen und eine Zeit zum Verlieren, eine Zeit zum Aufbewahren und eine Zeit zum Wegwerfen,

eine Zeit zum Zerreißen und eine Zeit zum Nähen, eine Zeit zum Schweigen und eine Zeit zum Reden,

eine Zeit zum Lieben und eine Zeit zum Hassen, eine Zeit für den Krieg und eine Zeit für den Frieden.

Koh 3,1–8

Inhalt

Die Zeit der Heimsuchung 9
Vorwort

Staub und Asche 31
Predigt für den Aschermittwoch

Die Zeit der verhüllten Bilder 37
Predigt für den ersten Fastensonntag

Das Licht und die Finsternisse 47
Predigt für den zweiten Fastensonntag

Die Offenheit Jesu 59
Predigt für den dritten Fastensonntag

Die Augen der Blinden öffnen 71
Predigt für den vierten Fastensonntag

Ein Christentum mit vielen Gesichtern 79
Predigt für den fünften Fastensonntag

Ich mache alles neu 89
Zur Betrachtung für den Palmsonntag

**Wo sich die Liebe den anderen zuneigt,
dort geschieht Gott** 103
Predigt für den Gründonnerstag

Die Geduld, die Hoffnung genannt wird 111
Zur Betrachtung für den Karfreitag

Das weibliche Antlitz von Ostern................. 127
Zur Betrachtung für den Karsamstag

Der Sieg über den Tod 137
Predigt für die Osternacht, die Nacht der Auferstehung

Berühre die Wunden........................... 145
Predigt für den zweiten Sonntag der Osterzeit

Eine Gemeinschaft von Pilgernden................. 153
Predigt für den dritten Sonntag der Osterzeit

Eine offene Tür sein 161
Predigt für den vierten Sonntag der Osterzeit

Gott ist ein undurchdringliches Geheimnis 169
Predigt für den fünften Sonntag der Osterzeit

Die Verheißung des Beistands 177
Predigt für den sechsten Sonntag der Osterzeit

Richten wir nicht – auch nicht uns selbst! 185
Predigt für den siebten Sonntag der Osterzeit/
Christi Himmelfahrt

Der Pfingsttag ist angebrochen.................... 193
Predigt für das Fest der Aussendung des Heiligen Geistes

Anmerkungen................................. 205

Die Zeit der Heimsuchung

Vorwort

Die Fastenzeit 2020 begann. Fast den ganzen Aschermittwoch verbrachte ich im Flugzeug; ich befand mich auf dem Rückweg von der amerikanischen Jesuiten-Universität Boston College, wo ich im Januar und Februar einen Vorlesungszyklus zum Thema »Identität des Christentums im postreligiösen und postsäkularen Zeitalter« gehalten hatte, mit anderen Worten: Was macht das Christentum zum Christentum in einer sich rasant verändernden Welt? Knappe zwei Stunden nach der Landung in Prag stand ich am Altar der Salvatorkirche und stand dem Gottesdienst vor, der in den gesamten Osterfestkreis einführt. In dieser Zeit ahnte ich noch nicht, dass binnen weniger Wochen rasante und einschneidende Veränderungen unseren ganzen Planeten ergreifen würden und dass in diesem Zusammenhang die Frage nach der Identität des Christentums eine sehr konkrete und dringliche Form bekommen würde.

Vom dritten Fastensonntag an bis zum Pfingstfest war unsere Kirche, die über Jahrzehnte jeden Sonntagabend bis zum letzten Platz gefüllt war, leer und geschlossen. Während der gesamten Zeit der Quarantäne trat ich vor die leeren Bänke und schaute lediglich ins Auge einer Kamera; für jeden Sonn- und Feiertag habe ich Predigten und Reflexionen gedreht, deren geringfügig überarbeitete Form ich in diesem Buch vorlege. Ich hatte dabei nicht nur unsere Pfarrgemeinschaft, sondern auch eine breite Öffentlichkeit vor Augen.

Die Zeit der Heimsuchung

Seit vielen Jahren dient die Akademische Pfarrgemeinde einer breiten Gemeinschaft von Gläubigen und geistlich Suchenden über die Grenzen von Kirchen und Staaten[1] hinweg, indem sie die Predigten im Internet archiviert, Bücher der »Salvator-Autoren«[2] herausgibt und indem die Mitglieder unseres Teams in den Medien auftreten. Daraus bildete sich eines der markantesten Gesichter des zeitgenössischen tschechischen Christentums. Die Akademische Pfarrgemeinde verwandelte sich allmählich in eine intellektuelle und spirituelle Werkstatt und Schule, in einen Ort des Dialogs mit Wissenschaft, Philosophie und Kunst und in einen Ort von fruchtbaren ökumenischen und interreligiösen Begegnungen.[3] Während der dreißig Jahre seit dem Fall des kommunistischen Regimes wurde diese Pfarrgemeinde für viele zum Eingangstor in die katholische Kirche; einige Tausend erwachsene Menschen, insbesondere Hochschulstudenten, haben hier das Sakrament der Taufe, der Firmung und der Erstkommunion empfangen. Das Geheimnis der Vitalität dieser Pfarrgemeinde – wie ich es in der Abschlusspredigt dieses Zyklus an Pfingsten auszudrücken versuchte – sind jedoch längst nicht nur Predigten. Es besteht vielmehr in der Bemühung, drei Pfeiler des pastoralen Dienstes zu vereinen: Erstens die Pflege eines durchdachten Glaubens, der fähig ist, einen intellektuellen Dialog mit einer vorwiegend agnostischen, »apatheistischen«, antiklerikalen (jedoch nicht atheistischen) Gesellschaft zu führen, zweitens die Pflege eines beständigen persönlichen geistlichen Wachstums, die Kultur eines kontemplativen Zugangs zum Leben, und drittens die Pflege des Engagements von Christen in einer bürgerlichen Gesellschaft.

Vorwort

Als Stütze des ersten Pfeilers (den Papst Benedikt XVI. bei seinem Pastoralbesuch in der Tschechischen Republik sehr betonte) dienen langfristige Kurse zu den Grundlagen des Glaubens, Predigten, Vorträge und Diskussionsabende.

Im Lauf der Jahre zeigte sich jedoch, dass der absolute Schlüsselbereich der Pastoral der zweite Pfeiler ist – die ständige Vertiefung des persönlichen geistlichen Lebens. Dazu dienen regelmäßige abendliche Meditationsbegegnungen, die persönliche geistliche Begleitung und besonders ein reiches Programm an geistlichen Übungen und Kontemplationskursen auf dem »ausgelagerten Arbeitsplatz der Salvator-Pfarrgemeinde« im Zentrum für Spiritualität und Exerzitien im ehemaligen Kapuzinerkloster in Kolín. Während früher die Absolventen der fast zweijährigen Vorbereitung des Katechumenats und der ähnlichen Vorbereitungen auf den Empfang des Sakraments der Firmung oder der Ehe und andere Teilnehmer der Kurse zu den Glaubensgrundlagen nach ihrem Weggang aus der lebendigen Prager Pfarrgemeinde nur mit großen Schwierigkeiten ein geistliches Zuhause in den häufig aussterbenden dörflichen Pfarrgemeinden finden konnten und dabei oftmals eine Krise der eigenen christlichen Identität und Kirchenzugehörigkeit durchmachten, zeigt sich nun, dass diejenigen, die Vorträge und Diskussionen in der Pfarrgemeinde mit der geistlichen Praxis im Kloster in Kolín kombinierten und danach dorthin zu Einkehrtagen zurückkehrten, verschiedene Krisen gut meistern konnten – ihr Glaube hat Wurzeln geschlagen.

Als dritten Pfeiler der christlichen Existenz sehe ich die Verbindung von Aktion und Kontemplation: Wir wollen keine geschlossenen Gemeinschaften in der Art von Ghettos oder von »Kirchen als Parallelgesellschaften« bilden (wie es zum Beispiel Rod Dreher in seinem populären Buch *Die Benedikt-Option*[4] rät oder wie es die in sich geschlossenen Milieus einiger neuer geistlicher Bewegungen in der Kirche[5] tun). Junge Christen aus unserer Pfarrgemeinde nehmen am Leben der bürgerlichen Gesellschaft teil, sie engagieren sich insbesondere in Initiativen für Ökologie, Bildung und Kultur oder in Bewegungen zur Verteidigung von Freiheit und Demokratie gegen Populismus, Nationalismus und Fremdenfeindlichkeit (wie »Eine Million Augenblicke für die Demokratie«), und auch bei der Hilfe für Flüchtlinge oder in Entwicklungsländern. Gerade in der Zeit der Epidemie des Coronavirus haben sich viele junge Christen zusammen mit anderen jungen Menschen den Freiwilligen im Gesundheitswesen und in der Pflege für die Senioren und andere Risikogruppen angeschlossen.

Während in unserem Land in der Zeit der Coronakrise die Leitung der Kirche überwiegend schwieg und die Staatsführung eine Menge von Fehlern beging,[6] bewiesen die bürgerliche Gesellschaft auf der Ebene der Gemeinden und der bürgerlichen Initiativen und kleine Gruppierungen der christlichen Laien ihre Vitalität und Wirksamkeit. Vonseiten der Hierarchie erklang keine gemeinsame Stimme in Richtung Öffentlichkeit, die von der Weisheit eines Hirten zeugen würde, von der Verantwortung und der Sorge für die ganze Gesellschaft. Die offiziellen Verlautbarungen der Kirche brachten typischerweise vor allem das Interesse am »kirchlichen Betrieb« zum Ausdruck. So wurde zum Beispiel in der Zeit der geschlossenen Kirchen vorrangig empfohlen, Messfeiern in den kirchlichen Medien zu verfolgen; in den

Vorwort

Vorlagen für die Hausgottesdienste wurde zumindest in einer Diözese die strenge Warnung beigefügt, dass Laien nicht versuchen sollten, das Evangelium auszulegen oder zu den biblischen Lesungen eigene Kommentare hinzuzufügen. Dabei zeigte sich, dass gerade das gemeinsame Gespräch über die Evangelien in den Familien während der Hausgottesdienste als eine der kostbarsten geistlichen Früchte jener Zeit angesehen werden kann: Der Mut, die klerikale Angst und die eigene Scheu zu überwinden und seine Glaubenserfahrung auszudrücken und zu teilen, hat dabei geholfen, die Charismen der Nächsten und oftmals auch die Schätze der Schrift zu entdecken, die häufig unter der Routine der Kirchenphrasen begraben waren. Christliche Medien und soziale Netzwerke vieler Pfarrgemeinden boten reichlich Übertragungen von Messen. Der Cyberraum in der Tschechischen Republik wurde plötzlich mit religiösen Themen und religiösen Sendungen mit rekordmäßig hohen Einschaltquoten überflutet. Ich selbst habe mit Rührung die Übertragungen der Ostergottesdienste mit Papst Franziskus verfolgt und war dankbar dafür, dass ich zumindest auf diese Art in sein Gesicht schauen konnte, das von Schmerz und Mitleid gezeichnet war. Mehr noch als die Pontifikalmesse ergriff mich die Übertragung des Bittgebetes vor der Vatikanbasilika, zu der der Papst ganz allein im Regen über den leeren Petersplatz schritt. Ich denke, dass diese Szene nicht nur in meinem Gedächtnis, sondern auch im historischen Gedächtnis der ganzen Kirche haften bleiben wird. Ich war dem Papst dafür dankbar, dass er bei einer jener elektronisch übertragenen Messen eingestanden hat, dass er sich deren Problematik bewusst ist, nämlich der Versuchung, die reale Anwesenheit der Gläubigen bei der Eucharistiefeier durch den Konsum von Gottesdiensten auf den Fernsehbildschirmen zu ersetzen.

In unserer Pfarrgemeinde haben wir keine Messen übertragen; mehrfach habe ich vielmehr meine Überzeugung geäußert, dass zur *realen Anwesenheit* Christi in der Eucharistie die *reale* Anwesenheit von Gläubigen um den Tisch des heiligen Mahles gehöre. Soziale Netzwerke sind eine begrüßenswerte Hilfe bei der Übertragung von Daten und Informationen – und dazu zählen viele Äußerungen der Kirche einschließlich Predigten und Katechese –, aber sie können nicht eine *Feier* ermöglichen, geschweige denn eine Eucharistiefeier. Ein Mahl lässt sich nicht durch ein »Mahl auf Distanz« ersetzen. Die Eucharistiefeier ist die Leben spendende Quelle der Kirche als Gemeinschaft, sie ist ein Medium der Kommunikation nicht nur mit Gott, sondern auch mit den anderen: Die Eucharistiefeier ist ein Mahl, bei dem die reale Anwesenheit Christi im Sakrament mit der realen (und nicht der virtuellen) Anwesenheit der Gläubigen verbunden ist; in der Eucharistie empfängt uns Christus und wir empfangen gleichzeitig Christus sowie seine Brüder und Schwestern, wir empfangen ihn in ihnen und durch sie.

Das Argument, dass das Mitverfolgen einer Messe im Fernsehen bei den Zuschauern fromme Gefühle erweckt, legt ein Missverständnis des Sinnes der Liturgie und vielleicht auch des Sinnes des Glaubens offen: Die Teilnahme an der Eucharistie ist keine Sache von Gefühlen; die Biosphäre des Glaubens besteht nicht in der Emotionalität, sondern in der Ganzheit unserer Existenz, die in die Realität der Welt eintaucht. Das erzwungene Fasten von der Eucharistie und anderen Sakramenten hielt ich für einen wertvollen Aus-

Vorwort

druck der göttlichen Pädagogik; es bot auch die Möglichkeit, über die Bedeutung der Eucharistie für unser Leben tiefer nachzudenken.

Wir haben uns in unserer Pfarrgemeinde entschlossen, jenes durch die Umstände erzwungene eucharistische Fasten ernst und im Geist der Buße anzunehmen; es anzunehmen als Ausdruck des Schmerzes über die Spaltung der Kirchen und der Sehnsucht nach der Einheit der Christen an einem gemeinsamen Tisch; es auch anzunehmen als einen Ausdruck der Solidarität mit vielen Christen in sogenannten nicht regulären Situationen (zum Beispiel mit denen, die von ihrem Partner verlassen wurden und in einer zweiten Ehe eine Lösung ihrer persönlichen und familiären Situation gefunden haben), denen das heutige Kirchenrecht es aber nicht erlaubt, die Stärkung der Eucharistie zu empfangen. Es war gleichzeitig ein Ausdruck der Hoffnung, dass die Kirche in dieser schweren Zeit zu mehr Mut und zu mehr Großzügigkeit auf dem Gebiet der ökumenischen Annäherung reifen würde und sich im Geist der Enzyklika *Amoris laetitia* von Papst Franziskus in der Beziehung gegenüber Menschen in einer komplizierten Lebenssituation von der harten Denkart der Pharisäer und Gesetzeslehrer zu einer therapeutischen Barmherzigkeit und Vergebung verschieben würde. Die Kritiker der Haltung von Franziskus in *Amoris laetitia*[7] erinnern an die Freunde Ijobs, deren Haltung von Richard Rohr brillant beschrieben wurde: »Die drei Ratgeber haben die richtige Theorie, aber keine Erfahrung; sie haben Gedanken über Gott, aber keine Liebe zu Gott. Sie glauben an ihre Theologie; Hiob glaubt an den Gott, den sie mit ihrer Theologie zu beschreiben versuchen. Das ist ein großer Unterschied.«[8]

Das Fehlen von öffentlichen Gottesdiensten war eine Gelegenheit, in die Tiefe einzutauchen und sich wesentliche Fragen zu stellen. Wenn für viele Katholiken der sonntägliche Kirchgang einer der Hauptpfeiler ihrer christlichen Identität war, wurden sie nun vor die Frage gestellt, was noch eine weitere und tiefere Quelle ihres Lebens aus dem Glauben sein kann. Was macht einen Christen zu einem Christen, wenn der traditionelle »kirchliche Betrieb« plötzlich aufhört zu funktionieren?

Erfüllte sich vielleicht nicht die Vision von Papst Franziskus, dass Christus, der nach den Worten der Schrift an die Tür klopft, dieses Mal *von innen* an die Tür klopft, weil er hinausgehen will? Und sollen wir ihm nicht hinter die Grenzen unseres bisherigen Verständnisses von Kirche und Christentum folgen, besonders in die Welt der Armen, Bedürftigen und Marginalisierten?

In einem Essay[9], in dem ich ganz am Anfang der Pandemie dieses Ereignis theologisch zu reflektieren versuchte –, stellte ich mir die Frage, ob die Zeit der geschlossenen Kirchen nicht ein prophetisches Warnzeichen für die Zukunft ist. Denn nicht nur in der Tschechischen Republik haben sich die Kirchen, die Klöster und die Priesterseminare schon seit Langem von Jahr zu Jahr geleert, die Kirche schloss und verkaufte diese Gebäude. Ich fürchte, dass diese Zeit der leeren Kirchen zu einem Warnbild für eine nahe Zukunft werden kann, falls die Kirche die dringlichen Aufforderungen von Papst Franziskus zu einer inneren Reform, zu einer radikalen Wende zum Evangelium, zu einer Vertiefung ihrer Theologie, ihrer Spiritualität und ihrer pastoralen Praxis nicht ernst nimmt.

Die Gesellschaften in den postkommunistischen Ländern haben mehrere Wellen der Säkularisation durchlaufen – eine »weiche« kulturelle Säkularisation, die die Modernisierung eines Großteiles der europäischen Länder und der westlichen Zivilisation überhaupt begleitet hat, und auch eine »harte« Säkularisation durch die kommunistischen Regime. Bei der »weichen« Säkularisation wird der gesellschaftlich-kulturelle Kontext der traditionellen Religiosität allmählich abgeschwächt, die dörfliche Agrargesellschaft und das Leben werden eher in die städtischen Industriezentren verschoben. In Mitteleuropa war dies besonders in den böhmischen Ländern der Fall; deshalb suchten sich allem Anschein nach die Stalinisten dieses bereits relativ stark säkularisierte Land als das Experimentierfeld für eine totale, drastische Atheisierung der Gesellschaft, einer vollständigen Verdrängung der Religion aus dem öffentlichen Leben. Aber nicht einmal die »harte« Säkularisation hat irgendwo eine komplett atheistische Gesellschaft zurückgelassen. Irgendwo (auch in Tschechien) erweckte sie sogar eine zeitweilige Belebung der Religion. Die Frucht dieser Resistenz gegenüber dem atheistischen Regime war auch das »Phänomen Wojtyła«, der für eine Zeit die Geschichte der Kirche und der Welt prägnant gekennzeichnet hat. Nach dem Fall des Kommunismus kam es jedoch nicht zu einer Rückkehr in eine traditionelle Gesellschaft oder zu einer allgemeinen religiösen Erneuerung, sondern eher zu einer Entwicklung, die uns an die pluralistischen Gesellschaften des Westens angenähert hat. In Tschechien hat die Kirche schnell das Kapital an Sympathien aufgebraucht, die sie in der Gesamtgesellschaft an der Schwelle der neuen Ära erworben hat. Anstatt zu einem aktiven Bestandteil des

Humanisierungs- und Demokratisierungsprozesses in der Gesellschaft zu werden, ist sie in den Bemühungen um eine Restitution der früheren Verhältnisse ertrunken, schloss sich in sich ab und räumte zusammen mit den ehemaligen Dissidenten langsam den Raum, den dann die Verkünder eines Marktfundamentalismus, einer Allmacht der unsichtbaren Hand des Marktes, besetzten.

Nach dem Fall des Kommunismus trat nicht das von Francis Fukuyama prophezeite Ende der Geschichte und der allgemeine Sieg des demokratischen Kapitalismus ein. Das Ende des Kalten Krieges beschleunigte den Prozess der Globalisierung. Dieser erreichte zur Jahrtausendwende vermutlich seinen Höhepunkt und begann, seine Schattenseiten zu zeigen. Die jetzige Pandemie des Coronavirus ist übrigens eine dieser Schattenseiten.

Angefangen mit dem Attentat auf die Wolkenkratzer in Manhattan am 11. September 2001 wurde der Widerstand gegen die Globalisierung offensichtlich: im Anwachsen des religiösen Fundamentalismus, des Populismus, des Nationalismus, von Xenophobie, Fake News und Verschwörungstheorien. Die Angst vor der Kompliziertheit der Welt wurde jetzt durch die Angst vor einer ansteckenden Krankheit und ihrer ökonomischen und sozialen Folgen potenziert. Auf diesen Boden fiel wie ein Zündfunke die Ermordung des Afroamerikaners George Floyd durch einen brutalen Polizisten, die eine Welle von Gewalt und Unruhen in verschiedenen Teilen der Welt entfachte.

Von einer Atmosphäre der Angst und Unsicherheit profitieren populistische Politiker, die mit den Stimmen besonders älterer Menschen mit einem niedrigen Bildungsgrad nicht nur in den heranwachsenden Demokratien der postkommunistischen Länder gewinnen, sondern auch in den Ländern, die die Wiege der modernen Demokratie waren, in Großbritannien und in den Vereinigten Staaten.

In den postkommunistischen Ländern missbrauchen populistische Politiker gerne die Rhetorik und die Symbole des Christentums und versuchen, auf verschiedene Art und Weise die Hierarchie der katholischen Kirche zu korrumpieren und zu zähmen. Wenn mit ihnen die Repräsentanten der Kirche verschiedene Typen von Allianzen schließen, schädigen sie die Kirche durch diese Kurzsichtigkeit auf eine tragische Weise. Besonders die Träger der Zukunft dieser Gesellschaften beginnen sich dann von der Kirche abzuwenden: junge Menschen und gebildete Schichten.

In der gegenwärtigen Zeit sind nicht nur einzelne Gesellschaften, sondern auch die Kirchen politisch, ideell, kulturell und sozial voneinander getrennt. Dabei bilden die Grenzen der Kirchen nicht die Trennlinie. Die Grenzen der Spaltung führen dabei mitten durch die einzelnen Kirchen hindurch.

Die Situation der katholischen Kirche in der Welt erinnert stark an die Zeit kurz vor der Reformation, vor dem westlichen Schisma. Die Welle der Enthüllung der lange verheimlichten und tabuisierten Skandale von sexuellem und geistlichem Missbrauch in der Kirche spielt eine ähnliche Rolle wie im Mittelalter der Skandal mit dem Ablasshandel: Es ist der letzte Tropfen, der das Fass zum Überlaufen bringt. Auch damals wurden an einer scheinbar marginalen Erscheinung die grundsätzlichen Probleme freigelegt: das Problem der Beziehung der Kirche zur Macht und der Beziehung zwischen dem Klerus und den Laien. In den Ländern Mitteleuropas verließ eine Rekordanzahl an Gläubigen in diesen Jahren die Kirche. Es ist notwendig, sich bewusst zu machen, dass die Mehrheit der Menschen, die die Kirchen verlassen, nicht zu Atheisten wird – manche verlassen sie gerade deshalb, weil sie den Glauben ernster nehmen, als sie ihm in den Kirchen begegnet sind.

Die Erfahrung der Pandemie hat mich in der Meinung bekräftigt, der ich bereits früher während der Erforschung der heutigen religiösen Szene zuneigte:

Heute geht es nicht um eine Säkularisierung im Sinne einer Krise der religiösen Sicherheiten, sondern es geht um eine *ganzheitliche Krise der Sicherheiten der gegenwärtigen Menschen*, sowohl der religiösen als auch der säkularen Sicherheiten. Wenn wir die Welt verstehen wollen, die geboren wird und in der sich auch weiterhin Begleiterscheinungen der Globalisierung fortsetzen werden – zu denen Ansteckungen aller Arten gehören, einschließlich der Ansteckungen durch die politischen Ideologien der Populisten und des religiösen Fundamentalismus –, müssen wir viele eingefahrene Vorstellungen und vereinfachte Denkmuster weglegen, und zwar auch in unserem religiösen Denken.

Vor Kurzem übernahm ich die Leitung des Forschungsprojekts Glaube und Überzeugung der »Nichtglaubenden« (*Faith and Beliefs of »Nonbelievers«*), an dem Soziologen, Theologen und Philosophen aus vielen Ländern unterschiedlicher Kontinente beteiligt sind.[10] Die bisherigen Ergebnisse dieser Forschung deuten an, wie problematisch es in dieser Zeit der Erschütterung aller Sicherheiten ist, Menschen in die einfachen Kategorien Gläubige/Ungläubige einzuteilen, weil sich der Glaube und der Zweifel in den Haltungen und Denkweisen nicht weniger heutiger Menschen auf eine komplizierte Art und Weise durchdringen. In den dramatischen Momenten, wenn die geschichtliche Entwicklung eine weitere Schwelle überschreitet, wird oft der Glaube vieler Gläubigen erschüttert, gleichzeitig beginnen sich jedoch auch viele »Nichtgläubige« wesentliche Fragen zu stellen. Der tschechische Dichter Vladimír Holan hat es mit dem Vers ausgedrückt: »Was ohne Beben ist, hat keine Festigkeit.« Nicht nur zwischen den Gläubigen verschiedener Kirchen und Religionen, sondern *auch zwischen dem Glauben und der Skepsis kann es zu einem wertvollen »Austausch von Gaben« kommen.*

In der Tschechischen Republik sinkt die Anzahl der Menschen, die sich zur katholischen Kirche (und zu anderen Kirchen des Mainstreams) bekennen, seit einigen Jahrzehnten in so einem Tempo, dass sich die Zahl der aktiven Kirchenmitglieder so weit verringern wird, dass die Kirche die Form einer marginalen Sekte aufweisen wird, wenn es nicht zu einer grundsätzlichen Reform kommt. Trotzdem ist es nicht richtig, die tschechische Gesellschaft als »atheistisch« zu bezeichnen. Wenn sich viele Tschechen als Atheisten bezeichnen, so besagt dies eher die Distanz zu einem bestimmten Typ des Theismus (der Art der Präsentation des Glaubens) und zur Institution Kirche (Antiklerikalismus). Das zitierte Beispiel der Prager Akademischen Pfarrgemeinde (und einige weitere ähnlich geführte Pfarrgemeinden und christliche Zentren) zeigt deutlich, dass die Ursache für die kleine Anzahl der Menschen, die sich zu den Kirchen bekennen, nicht in der Gottlosigkeit, im Materialismus, im Konsumismus und im Liberalismus der tschechischen Gesellschaft liegt, sondern in der Unfähigkeit eines großen Teiles der Hierarchie und des Klerus, die gegenwärtige Kultur und Gesellschaft zu verstehen und diese Gesellschaft verständlich und glaubwürdig anzusprechen. Vor allem ist es nötig, sich bewusst zu werden, dass die notwendige Reform keine Bemühung um eine billige Modernisierung sein kann. Kitschige Versuche, die Religion an den kommerziellen Stil einer Unterhaltungsgesellschaft anzupassen, gibt es in der Kirche mehr als genug und sie sind gleich banal wie die Bemühungen, die geschichtliche Entwicklung zu ignorieren und die Kirche einer Zeit zu imitieren, die schon längst vergangen ist. Die Bemühung, die Volksfrömmigkeit einer prämodernen Gesellschaft nachzuahmen, die längst ihren kulturell-historischen Kontext verloren hat, oder liturgische Barockfeste zu veranstalten, erzeugen im besten Fall Folklore für Touristen, häufiger jedoch eine bedauernswerte Peinlichkeit. Als den einzigen Ausweg habe ich lange das angesehen, was besonders Papst Benedikt XVI. der tschechischen Kirche ans Herz legte: Bildung und ein intellektueller Dialog mit der mehrheitlich agnostischen Gesellschaft. Heute sehe ich jedoch als noch viel wichtiger die *Kultivierung des persönlichen geistlichen Lebens und die persönliche geistliche Begleitung* an.

Keine »Neuevangelisierung« wird Früchte tragen, wenn ihr nicht eine »Prä-Evangelisierung« in Form einer systematischen Pflege der geistlichen Kultur der Einzelnen in der Gesellschaft vorausgehen wird, eine Wende vom oberflächlichen konformen Leben (wie »man« in der Welt lebt) hin zu einer Kultur der »geistlichen Unterscheidung«, zur Verantwortung für sich selbst, für die anderen und für die gemeinsame Umwelt. Das Gleichnis Jesu vom Sämann spricht eine klare Sprache: Das Korn der Verkündigung des Evangeliums braucht einen guten Boden, die Geburt und das Wachstum des Glaubens setzen ein bestimmtes Biotop voraus, auf sandigem Boden, auf Fels oder unter Dornen wird der Samen keine Wurzeln schlagen.

Deshalb schätze ich die Aufgabe der »kategorialen Pastoral« als der Avantgarde des künftigen kirchlichen Dienstes an der Gesamtheit der Gesellschaft, den Dienst der Seelsorger in den Krankenhäusern, in der Armee, in den Gefängnissen und an den Universitäten: Sie sind dort nicht als klassische Missionare und sie sind dort auch nicht nur als »Hirten ihrer Herde«, sie sind dort für alle da. Jeder Mensch hat eine geistige Dimension seiner Persönlichkeit, jeder Mensch fragt auf irgendeine Art nach dem Sinn seines Lebens – und braucht jemanden, mit dem er frei (ohne dass er manipuliert würde) und offen über diese Sachen sprechen und sie teilen kann. Wenn hier die Kirche nur für ihre Mitglieder da ist und nicht für alle, für die Gesellschaft als Ganzes, wird sie von der Gesellschaft nicht ernst genommen werden.

Ich wiederhole noch einmal: Die tschechische Gesellschaft ist stark »entkirchlicht«, aber nicht atheistisch. Unter den Menschen, die sich nicht zu den Kirchen bekennen, bilden die »Apatheisten« (damit meine ich Menschen, die gleichgültig sind gegenüber der Religion, so wie sie sich sie vorstellen oder wie sie ihnen begegnete) die größte Gruppe. Dann folgen »geistlich suchende« Menschen, die »auf ihre eigene Art« gläubige Menschen sind. Es sind Menschen, die sich Fragen geistlicher Natur stellen, die auf diese Fragen aber keine Antwort von den Kirchen erhalten – und von denen sie heute auch keine Antworten mehr erwarten. In der Re-

gel kombinieren sie Elemente verschiedener Religionen und
»alternativer Spiritualitäten« oder verehren »ihren eigenen
Gott«;[11] manche versuchen – was für die tschechische intellektuelle Tradition typisch ist – dem säkularen Humanismus
eine bestimmte geistliche Vertikale zu geben.[12]

Die Erfahrung der Pandemie zeigte jedoch, dass in bestimmten Situationen auch diejenigen Menschen, die bisher
der Religion allgemein gleichgültig oder der »organisierten
Religion« distanziert gegenüberstanden, plötzlich geistlichen
Themen gegenüber sensibel wurden. Es interessiert sie, was
Christen in solchen Momenten sagen. Ihre gleichgültigen
beziehungsweise distanzierten Haltungen sind also nicht
unveränderbar.

Bereits zweimal war ich in der Vergangenheit Zeuge davon, wie schnell in unserem angeblich atheistischen Land in
angespannten gesellschaftspolitischen Situationen die Religion zu Wort kam: während der sowjetischen Okkupation
im August 1968 und während der dramatischen Tage nach
dem Fall des kommunistischen Regimes im November 1989.
In der Zeit der Okkupation, als das Gebäude des Rundfunks
durch die sowjetischen Soldaten besetzt wurde, tauchten
plötzlich in den Ersatzsendungen der mutigen Redakteure
aus ihren Verstecken auch Aufnahmen von Gottesdiensten
auf – etwas, was sogar in der Zeit der ideologischen Lockerung während des Prager Frühlings unvorstellbar war.

Der Dankgottesdienst, den Kardinal Tomášek im November 1989 in der Prager Kathedrale, dem Veitsdom, anlässlich der Heiligsprechung von Agnes von Böhmen hielt –
die erste Messe in der Tschechoslowakei, die direkt vom
Staatsfernsehen übertragen wurde –, wurde gewissermaßen

zur feierlichen Ouvertüre der größten und allem Anschein nach entscheidenden Demonstration für die Freiheit in jenen dramatischen Tagen vor der Kapitulation des Regimes. In der Zeit des Studentenstreiks wurden in den Studentenwohnheimen und an den Fakultäten spontan Gebetsorte geschaffen, die zur Wiege von unzähligen Gesprächen wurden. Unzählige Menschen auf dem Letná-Plateau beteten auf Anregung von Václav Malý, dem Moderator der Massendemonstrationen in jenen dramatischen Tagen, mit der Betonung auf der Bitte um Vergebung das Vaterunser. Ich vergesse nie die Kameraaufnahmen der unzähligen Menschen, von denen viele mit Schwierigkeiten in ihrem Gedächtnis nach den Worten des Gebetes des Herrn suchten.

Auf welche Art und Weise antworteten die Christen auf die Lage in der Zeit der Coronakrise im Frühling 2020?

Man muss jenen Predigern, die schon früher am apokalyptischen Erschrecken der Gesellschaft durch paranoide Visionen (zum Beispiel im Zusammenhang mit der sogenannten Istanbul-Konvention) Gefallen fanden, zugutehalten, dass sie sich dieses Mal bedeckt hielten. Ich hatte befürchtet, dass sie die Tragik der Pandemie missbrauchen und sie umgehend als Strafe Gottes interpretieren würden, die schlussendlich das von ihnen vorgelegte Horrorszenarium erfüllen würde, ein Produkt ihrer Depressionen und Verzweiflung, das, was Søren Kierkegaard die »Krankheit zum Tode« nannte. Dort, wo der Glaube mancher Christen beim Anblick dessen schwächer wird, dass sich die Welt nicht in die von ihnen erwartete Richtung bewegt, wird ihre Versuchung stärker, den Gott der Liebe, des Glaubens und der Hoffnung in einen rachsüchtigen Greis zu verwandeln, der aus dem Jenseits seine Kinder mit grausamen Strafen verfolgt, für deren Anwendung Eltern zu Recht vor Gericht stehen würden. Diese Gläubigen machen aus Gott eine verlängerte Hand ihrer Rachsucht, die gerade diejenigen bestraft, die sie hassen, und zwar gerade für solche Dinge, die sie selbst verurteilen. Solche Predigten sind als Sünde des Missbrauchs des Namens Gottes zu werten.

Mit der Eucharistie in der Monstranz oder mit Reliquien sind manche Priester auf dem Motorrad durch Siedlungen der Nichtglaubenden gefahren und haben den Dämon der Krankheit gebannt, offensichtlich inspiriert durch die ähnlichen Unternehmungen von russisch-orthodoxen Popen, die dazu auch Motorflugzeuge benutzt haben – und führten diesen Regress des Christentums in die archaische Welt der Magie theatralisch vor, ohne dabei fähig zu sein, das Handeln aus dem Glauben von einer blasphemischen Manipulation mit dem Heiligen zu unterscheiden. Ein polnischer Bischof wiederum lehnte es ab, die Hygiene-Vorschriften bei der Spendung der Eucharistie einzuhalten mit der Behauptung, dass der »Herr Jesus doch nicht infektiös sein kann«; offensichtlich hat er die traditionelle katholische Transsubstantiationslehre, den Unterschied zwischen *substantia* und *accidens*, zwischen der geistlichen und der materiellen Seite der Eucharistie, nie verstanden. Es zeigt sich, dass gerade die Traditionalisten häufig an einer Unkenntnis der Tradition leiden, die sie ununterbrochen beschwören.

Wahrscheinlich habe nicht nur ich in der Zeit ohne öffentliche Gottesdienste die Anwesenheit des *christlichen* Osterfests in der tschechischen Gesellschaft paradoxerweise viel intensiver als je zuvor wahrgenommen. Die große Mehrheit der Tschechen hat Ostern schon lange als »Feiertage des Frühlings« erlebt, freie Tage, die höchstens durch die folkloristische Nachahmung der alten heidnischen Bräuche farbenfroh gemacht wurden. Die Zeit der geschlossenen Kirchen eröffnete jedoch überraschend vielen Menschen einen gewissen Zugang zum christlichen Kern dieser Feiertage: Dieser war sozusagen in seiner Abwesenheit anwesend. Die geschlossenen Türen der Kirchen erinnerten daran, dass sich normalerweise an Ostern hinter ihnen irgendetwas abspielt – und dass das, was einem Teil der Gesellschaft, den praktizierenden Christen, in diesem Jahr zu feiern verwehrt wurde, auf irgendeine Art und Weise auch alle anderen betrifft.

Während der Zeit des Coronavirus konnten wir von vielen Seiten hören, dass Ostern die Zeit für eine Geschichte ist, die in den Wurzeln unserer Kultur verankert ist. Und obwohl die traditionellen Wege zum Erleben dieser Geschichte, die kirchlichen Gottesdienste, versperrt waren, hörte die Geschichte nicht auf zu leben. Nur führten zu ihr nun andere Wege – vielleicht sogar begehbarere Wege für diejenigen, die nicht in die Ostergottesdienste in die Kirchen kommen würden.

Mit den Betrachtungen in der Zeit der leeren Kirchen wollte ich sicher die Zuhörer erfreuen und ermuntern, sie tiefer ins Geheimnis von Ostern einführen, in dieses Herz des christlichen Glaubens, sie aber auch auf die Zeit vorbereiten, wenn wir mit einem größeren Mut und Vertrauen in die Wolke des Geheimnisses werden steigen müssen und inmitten von Paradoxien und neuen Herausforderungen leben können müssen, auf die wir keine fertigen Antworten haben. Die Welt nach dem Coronavirus wird in vielem anders und noch komplizierter sein, als es die Welt vor diesem globalen Ereignis schon war. Jedoch wird vom »Vater des Glaubens«, Abraham, in der Bibel gesagt, dass er auf den Ruf Gottes hörte und er wegzog, »ohne zu wissen, wohin es ging« (Hebr 11,8).

In der Zeit der Quarantäne, als ich diese Predigten geschrieben und sie dann vor den leeren Bänken in die Kamera gesprochen habe,[13] hatte ich mehr Zeit zum Nachdenken über die Welt, über Gott und auch über mich selbst. Ich musste mich mit der Möglichkeit abfinden, dass ich mich – als Angehöriger der Risikogruppe der Senioren – auch mit diesem Virus anstecken, erkranken und eventuell sterben kann. Dieser Gedanke der Möglichkeit eines nahen Todes rief in mir keine Angst hervor, sondern das Bedürfnis, zu rekapitulieren, mir Rechenschaft abzulegen. Auch in diesen Predigten hat sich die Notwendigkeit gezeigt, sich bewusst zu werden, in welche Richtung sich unsere Pfarrgemeinde, meine Theologie, mein Leben bewegt, was tatsächlich den Kern meines Glaubens bildet: *was es für mich bedeutet, Christ zu sein.*

Erneut habe ich für mich das *Geheimnis von Ostern* entdeckt, das Geheimnis des Todes und der Auferstehung: Etwas muss sterben (auch in der Kirche, in uns, in unserem Glauben), damit es zur Auferstehung kommen kann – und die Auferstehung ist nicht eine Rückkehr, sondern eine tiefgehende Verwandlung. Dieser Gedanke hat mich diese ganze merkwürdige Zeit über begleitet (und lebt in mir weiterhin), und es ist kein Wunder, dass er das sich wiederholende Leitmotiv vieler meiner Absprachen ist.

Einer der grundlegenden Bausteine meiner Theologie ist der Gedanke der *resurrectio continua* (der sich fortsetzenden

Auferstehung) – eine Fortsetzung des Sieges Jesu über den Tod, über die Angst und die Schuld als ein Leben spendender Fluss, der in bestimmten Augenblicken in den persönlichen Lebensgeschichten der Gläubigen sowie in der Geschichte der Kirche aus der Tiefe an die Oberfläche tritt – in den Augenblicken von Konversionen und Reformen, die durch Krisen und Prüfungen angekündigt werden.

Die Zeit, in der die Hast, das Hasten von einer Verpflichtung zu der anderen für einen Moment angehalten wurde, ist für mich zu einer »Zeit der Heimsuchung« geworden. Der *chronos*, die Zeit, die vom Diktat der Uhrzeiger und vom Dickicht der Eintragungen in einem überfüllten Terminkalender rhythmisiert wurde, ist plötzlich zu einer Zeit der Gelegenheit geworden – zum *kairos*. Auch die »Einführung in die Kairologie«, an der ich schon viele Jahre arbeite, bekam neue Impulse.

In diesem Buch mit Predigten und Betrachtungen lege ich den Leserinnen und Lesern den Nachhall und die Früchte dieses merkwürdigen Frühlings 2020 vor.

Staub und Asche

Predigt für den Aschermittwoch

Bedenke, Mensch, dass du Staub bist und zum Staub zurückkehren wirst.
Aus der Liturgie des Aschermittwochs

Trage in der einen Tasche einen Zettel mit der Aufschrift: Wegen Dir wurde die Welt erschaffen! Und in der zweiten einen mit dem Satz: Du bist Staub und Asche!
Chassidische Weisheit

Meine Lieben,
es ist Aschermittwoch. Wir machen uns auf den Weg hin zu Ostern.

An diesem ersten Tag des großen Fastens, der »vorösterlichen Bußzeit«, feiern wir schon zum 25. Mal in unserer Akademischen Pfarrgemeinde den *Aschermittwoch der Künstler* – eine Gelegenheit zur Begegnung der Welt der Kunst und der Welt der Religion. Diese Tradition entstand am Ende des Ersten Weltkrieges, als an diesem Tag in der Pariser Kathedrale Notre Dame ein Requiem für die Künstler gehalten wurde, die im Krieg verstorben waren.

Die Welt der Kunst und die Welt der Religion gehören ihrem Wesen nach zusammen. Die Kunstgeschichte ist ein nicht wegzudenkender Bestandteil der Religionsgeschichte und umgekehrt.

Diese beiden Welten sind historisch verbunden: Praktisch alle Ausdrucksformen der Kunst – der Tanz, die Musik und der Gesang sowie die bildenden Künste, insbesondere die sakralen Bauwerke, entstanden aller Wahrscheinlichkeit nach beim Tagesanbruch der Geschichte der Menschheit als Bestandteil des religiösen Kultes. (Es sei an dieser Stelle daran erinnert, dass die »Religion« praktisch bis zu Aufklärung nicht eines der Segmente des gesellschaftlichen Lebens *neben* anderen darstellte, sondern eher die »Luft, die alle geatmet haben«.)

Auch einer der ersten Filme war eine Aufnahme von Passionsspielen.

Was wäre die Liturgie ohne die Musik, ohne den Gesang, ohne die Kirchenarchitektur – und wie arm wäre die Kunstgeschichte, wenn zu ihr nicht alles gehören würde, was die Liturgie begleitete, und in unserer Kultur dann alles, was durch die Bibel und andere heilige Texte und Geschichten inspiriert wurde!

Die Kunst und die Religion gehören jedoch nicht nur historisch zueinander, als zwei ineinander verwachsene Wurzeln der menschlichen Kultur, sondern auch aufgrund ihres Charakters. Grundbaustein von Religion und Kunst sind Symbole: Die Kunst und die Religion bemühen sich, durch die Sprache der Symbole das Unaussprechliche auszusprechen und das nicht Darstellbare darzustellen. Das Symbol hat einen paradoxen Charakter: Es enthüllt das Geheimnis, auf das es sich bezieht, auf das es hinweist, und verbirgt es zugleich.

Eine Kunst, die nicht auf ein Geheimnis hinweist, sondern faul und billig an einer gefälligen Oberfläche bleibt, ist

Predigt für den Aschermittwoch

bloßer Kitsch. Eine Religion, die die ursprünglichen Symbole als Realität ausgibt, die nicht fähig ist, Symbole als einen Weg in die Tiefe zu betrachten, ist der genaue Gegensatz zu einer authentischen Religion – sie ist Fundamentalismus. Der Fundamentalismus, der primitiv wortwörtliche Zugang zur Sprache der Religion, ist religiöser Kitsch. Das, was in Bezug auf die Kunst Kitsch ist, ist in Bezug auf die Religion Fundamentalismus.

Es ist bemerkenswert, dass der Fundamentalismus und der vulgäre Atheismus beinahe dieselbe Auffassung von Religion haben, nämlich primitive Vorstellungen von Gott und dem Glauben. Wenn Ihnen ein religiöser Fundamentalist und ein eingefleischter Atheist davon erzählen, wie sie sich Gott vorstellen, werden Sie wahrscheinlich von den beiden eine sehr ähnliche Karikatur des Glaubens hören. Der Unterschied besteht nur darin, dass die einen diese Auffassung verteidigen, während die anderen sie widerlegen. Das Tor zur Tiefe des Geheimnisses des Glaubens ist jedoch für beide verschlossen.

Man muss an dieser Stelle jedoch hinzufügen, dass jenseits des vulgären Atheismus – des groben Materialismus oder des sogenannten wissenschaftlichen Atheismus, der gedanklicher Kitsch ist und dem religiösen Fundamentalismus ähnelt – auch ein anderer Atheismus existiert, ein existenzieller, tragischer Atheismus, ein Atheismus des Protestes und des Schmerzes. Schon seit Jahren denke ich darüber nach und schreibe darüber, wie wichtig es ist, diesen Atheismus wertzuschätzen; wie notwendig es ist zu zeigen, dass die Welt des lebendigen Glaubens auch das Geheimnis der bitteren Nacht des Lebens, die Konfrontation mit dem Nichts und den Wettkampf mit der Versuchung des Nihilismus und der Absurdität kennt; dass ein reifer Glaube in der Lage ist, diese schmerzhaften Erfahrungen zu umarmen und somit diese Art des Atheismus zu integrieren. Was wäre die Kunst ohne die Empfindsamkeit gegenüber dem Schmerz – und was wäre der Glaube ohne die Erfahrung der »dunklen Nacht der Seele«, von der die großen Mystiker, diese Dichter der Welt der Religion, geschrieben haben?

Die heutige Liturgie berührt eines der Symbole der menschlichen Endlichkeit und Vergänglichkeit, nämlich die Asche, den Staub der Erde. Die Austeilung der Asche wird seit Jahrhunderten von dem Satz begleitet: »Bedenke, Mensch, dass du Staub bist und wieder zum Staub zurückkehren wirst« (vgl. Gen 3,19). Dieses Motiv, das zum Beispiel in der christlichen Barockkunst so dramatisch präsent war, wäre eine *Häresie* (das heißt ein Teil, der willkürlich aus dem Ganzen herausgerissen wurde), wenn es nicht nur als ein Pol der paradoxen biblischen Wahrheit vom Menschen aufgefasst würde.

Der poetische Schöpfungsbericht am Anfang der Bibel zeigt, dass der Mensch in sich sowohl das Nichts als auch die Fülle umfasst: Er wurde vom Staub der Erde genommen und zugleich ist er Abbild Gottes. Er wurde aus dem Nichts geschaffen, aus dem Staub, der keine Form behalten kann – und gleichzeitig aus der Macht des Schöpfers, aus Geist. Der Mensch ist eine paradoxe Verbindung der Endlichkeit seines Schicksals und seiner unstillbaren Sehnsucht nach Ewigkeit und Fülle.

Im Psalm lesen wir, dass der Mensch mit der Sünde (mit der Entfremdung von Gott) zum Staub zurückkehrt, er sich jedoch mit Buße, mit Umkehr, wieder dem Geist öffnen kann und neu geschaffen wird (Ps 104,29 f.).[14]

Wir stehen an der Schwelle des großen Fastens, der Bußzeit und der Wiedererschaffung, wortwörtlich: der »Re-Kreation« (*re-creatio*). Diese vierzig Tage der geistlichen Rekreation sollen uns gesund machen und befreien, uns von der Oberfläche in die Tiefe führen.

Derjenige, der an der Oberfläche lebt, lebt ein *nicht authentisches* Leben in der Zerstreuung, in einer oberflächlichen Unterhaltung und im Sklavendienst »an den Götzen dieser Welt«, er macht aus seinem Leben Kitsch. Derjenige, der sich von der Oberflächlichkeit loslösen und in die Tiefe hinabsteigen kann, lebt ein *authentisches Leben*, ein »Leben in der Wahrheit« – er lebt sein Leben als Kunst, er kreiert seine Persönlichkeit und seine Geschichte als ein originelles Kunstwerk. Damit erfüllt er die Schöpfungsabsicht Gottes. Er antwortet damit auf die einzigartige Tat Gottes, mit der er aus dem Nichtsein in das Sein berufen wurde. Die Buße, die Umkehr (*metanoia*) – ist unendlich mehr als eine bloße »moralische Besserung«, auch wenn diese bestimmt anzustreben ist.

Wir können uns hier von der Philosophie und von der Psychologie des 20. Jahrhunderts inspirieren lassen. Die Unterscheidung Heideggers zwischen einem nicht authentischen Leben, das der Umgebung gegenüber konform ist – zu leben, »wie man lebt« –, und einer authentischen Existenz verleiht der alten Erfahrung der Mystiker und geistlichen Meister eine neue Sprache. Ähnlich benennt auch die jungsche Auffassung vom lebenslangen Reifen als eines Abstiegs von unserem »Ego« zu einem tieferen Zentrum, zum »*Selbst*«

(*self*), das Neue, was der heilige Paulus den *Christus, der in mir lebt* (vgl. Gal 2,19 f.) nennt und die Mystiker als Gott, als »Seele unserer Seele« bezeichnen.

In die Tiefe hinabzusteigen bedeutet in der Regel jedoch auch, den Grund zu berühren, konfrontiert zu werden mit dem Nichts, mit dem nächtlichen und tragischen Gesicht der menschlichen Existenz, mit der Vergänglichkeit. Es bedeutet, sich von Illusionen zu befreien. (Auch in den Mythen, Märchen und archaischen Ritualen schließt der »Weg zum Schatz«, zur Reife und zum Erwachsensein schmerzhafte Prüfungen ein.) Stolz macht blind und dumm, er hält den Menschen an der Oberfläche gefangen. Die Demut dagegen öffnet die Augen und setzt sich der ganzen Wahrheit aus.

Wenn wir den Mut zur Buße, zur Demut und zur Wahrheit haben und in uns den Staub unserer Endlichkeit ertasten, können wir gerade dadurch gleichzeitig die Hand Gottes berühren, die uns aus dem Staub der Erde hebt und uns immer wieder erschafft. Sie beruft uns zur Schönheit und zur Kunst eines schöpferischen Lebens, zu einem unaufhörlichen Staunen über die Schönheit der Schöpfung und über die Macht des Schöpfers. Ihm sei Ehre und Herrlichkeit in alle Ewigkeit.

Amen.

Die Zeit der verhüllten Bilder

Predigt für den ersten Fastensonntag

> *Da vernahmen sie den Schritt Gottes, des Herrn,*
> *der sich beim Tageswind im Garten erging, und Adam*
> *und seine Frau verbargen sich vor Gott, dem Herrn,*
> *unter den Bäumen des Gartens. Gott, der Herr, aber*
> *rief Adam und sprach zu ihm: Wo bist du? Er antwortete:*
> *Ich hörte deinen Schritt im Garten; da fürchtete ich mich,*
> *weil ich nackt bin, und verbarg mich.*
> Gen 3,8–9

Meine Lieben,

die erste Lesung des heutigen Gottesdienstes wurde der mythenpoetischen Schilderung der Erschaffung der Welt und des Menschen zu Beginn des Buches Genesis entnommen. Sie ist eine der Antworten auf die Frage nach der Geschichte des Bösen. Die religiösen Mythen der Nationen, die Israel umgaben, haben in der Regel den Anfang des Bösen mit der Entstehung der Welt verbunden, mit der Kosmogenese, die sie als Szene eines Wettkampfs der Götter verstanden. Der biblische Gott hat bei der Entstehung der Welt keinen finsteren Gegenspieler. Jedes Kapitel des Schöpfungswerkes gipfelt in der feierlichen Verkündigung Gottes, dass dieses Werk gut sei.

Erst bei der Erzählung über den Beginn der menschlichen Familie wird ein Gegner erwähnt, der als Verführer auftritt: Er will in die Beziehung zwischen dem Menschen und Gott den Samen des Misstrauens säen. Er bietet dem Menschen ein alternatives Bild von Gott an: Ein Gott, der wie ein eifersüchtiger Despot den Menschen anlügt, weil er Angst vor seiner Freiheit hat. Ein Gott, der sich vor der menschlichen Erkenntnis fürchtet, die aus dem Menschen einen Konkurrenten machen würde, der unsterblich, der Gott gleich ist. Der Verführer im Menschen erweckt die Sehnsucht nach der Macht der Erkenntnis – und zwar einer solchen Erkenntnis, die aus dem Menschen Gott, den Herrn über Gut und Böse, machen würde. Der Mensch müsste nicht mehr fragen, was gut und böse ist, er würde selbst darüber entscheiden. Er würde sich von der Verantwortung gegenüber Gott loslösen. An der Wiege des Bösen, der Sünde, die die Harmonie der göttlichen Welt stört und Auswirkungen hat, die »aus dem Paradies vertreibt«, stehen so gemeinsam die menschliche Sehnsucht nach der göttlichen Macht, das Misstrauen gegenüber Gott und ein falsches Bild Gottes. Die einzige Erkenntnis, die jene versprochene Öffnung der Augen gebracht hat, ist die menschliche Erkenntnis der eigenen Nacktheit und Verletzlichkeit.

»Wo bist du?« (Gen 3,9) Adam lebt nicht mehr in der Wahrheit, in der »Unverborgenheit« – erinnern wir uns an den griechischen Ausdruck für die Wahrheit, die Unverborgenheit (*alétheia*). Er verbirgt sich im Gestrüpp der Ausreden. Er ist nicht zur Verantwortung fähig – er wälzt die Schuld auf Eva ab und Eva auf die Schlange ...

Das Wesen jeder Sünde besteht in dieser Bemühung, »wie Gott zu sein«, so zu tun, als sei man Gott, den Willen Gottes zu ignorieren und dagegen seinen eigenen Willen, seine Sehnsucht nach der Macht durchzusetzen. Das Evangelium des heutigen Sonntags schildert »den neuen Adam« – Chris-

Predigt für den ersten Fastensonntag

tus, der das Angebot der Herrschaft über die Welt ablehnt, das ihm von demselben Lügner versprochen wird, der das erste menschliche Paar überlistete. Wenn Jesus das Angebot des Verführers angenommen hätte, ein Messias der billigen, effektvollen Wunder zu werden, der um des Applauses der Zuschauer willen Steine in Brot verwandelt hätte und sich beim Sturz von der Tempelzinne von Engelshänden auffangen ließe, wäre er zum Antichrist geworden.

Wir stehen am Beginn des Weges auf Ostern hin. Wir werden hören, wie Jesus nicht aus Steinen Brot macht, sondern sich selbst hingibt, seinen Körper und sein Blut, sein Leben – zur Speise, zum Brot wird, das auf den Hunger der Welt antwortet. Wir werden sehen, wie er auf den steinernen Boden der menschlichen Grausamkeit und Gehässigkeit stürzen wird, auf ihm zerschlagen wird. Keine Engelsarme werden ihn vor dem Kreuz des Schmerzes und des Todes retten. Erst danach kann er allen sagen: »Mir ist alle Gewalt gegeben im Himmel und auf der Erde.« (Mt 28,18)

Der Gegensatz zur Sehnsucht Adams, »wie Gott zu sein«, ist das Beispiel Jesu, der zeigt, was es heißt, »wie Gott zu sein« – Gott nachzuahmen in der sich selbst hingebenden, grenzenlosen Liebe. Wie Gott zu sein, der die Sonne scheinen und den Regen fallen lässt auf alle, auf Gute und Böse, Gerechte und Ungerechte. Zu dieser Vollkommenheit, zu dieser Ähnlichkeit mit Gott und seiner großzügigen Liebe lädt uns Jesus ein und fordert er uns auf.

Machen wir uns am Anfang der Fastenzeit bewusst, von welchem Ort aus wir uns zu diesem Ziel, auf den Weg der Nachfolge Christi begeben – wo stehen wir jetzt? »Wo bist du?«, so fragt uns Gott. Lassen wir diese Frage die ganze Fastenzeit über in unserem Gewissen erklingen. Fragen wir uns, wo wir stehen und wie es um uns steht, warum wir sind, wo wir sind. Sind wir *hier*? Treten wir aus dem Gestrüpp unserer Ausreden heraus. Gestehen wir uns unsere Nacktheit ein. Begeben wir uns auf den Weg der Wahrheit und der Verantwortung, der Unverborgenheit.

Aber erlauben Sie mir, bei einem weiteren Thema zu verweilen. Denken wir noch über einen – heute in vielen Kirchen aufgegebenen – Brauch der alten liturgischen Tradition nach. Es geht um den Brauch, in der Fastenzeit mit violettem Stoff alle Bilder und das Kreuz zu verhüllen. Vielleicht wurde dieser Brauch vielerorts nicht nur aus praktischen Gründen aufgegeben, sondern vor allem deshalb, weil er unverständlich wurde. Ich bin jedoch davon überzeugt, dass uns das Nachdenken über den verloren gegangenen Sinn dieses Brauches etwas Wesentliches über die Sprache der Symbole in der Religion und im menschlichen Leben sagen kann. Knüpfen wir so an das Thema an, das wir am Aschermittwoch berührt haben.

Warum wurden die Bilder verhüllt?

Zunächst fallen uns vielleicht zwei einfache Antworten ein: Damit sie uns nicht alltäglich werden oder uns in der kontemplativen Besinnung während der ernsten und auf Buße ausgerichteten Fastenzeit mit ihren Formen und Farben nicht stören oder ablenken. Erstaunlicherweise können uns diese scheinbar oberflächlichen Antworten weiterbringen und tiefer führen.

Bilder, die wir oft anschauen, und die wir deshalb fast nicht mehr wahrnehmen, lernen wir häufig erst im Augenblick ihrer Abwesenheit schätzen – ähnlich wie wir uns des

Wertes der Gesundheit in der Regel erst in der Zeit der Krankheit bewusst werden und des Wertes der Nahrung erst in Zeiten des Hungers. Manchmal entdecken wir auch die wirklichen Qualitäten unserer Nächsten erst dann, wenn sie nicht mehr bei uns sind. Für einen oberflächlichen Menschen gilt: »Aus den Augen, aus dem Sinn.« Aber für einen nachdenklichen Menschen ist ein leerer Ort eine Herausforderung zum Nachdenken.

Viele Denker begannen, sich erst dann intensiv mit der Religion auseinanderzusetzen, als sie in unserer Zivilisation aufhörte, eine Selbstverständlichkeit zu sein. Die Schatztruhe der Kultur unserer Erde enthält so viele christliche Motive, die durch Generationen unserer Vorfahren geschaffen wurden, dass wir sie oft nicht mehr als solche wahrnehmen. Für viele Menschen meiner Generation wurde erst der Versuch der kommunistischen Herrschaft, so viel wie möglich aus diesem Schatz zu liquidieren oder zu verdecken beziehungsweise zu überdecken, zu einem Impuls, der uns die Augen öffnete. Ich kann mich erinnern, dass ich als Junge bemerkte, dass eines Tages das Kreuz aus dem Flur des Hauses verschwunden war, in dem ich die Ferien verbrachte. Zum ersten Mal stellte ich mir die Frage, warum es einst wohl jemand dort aufgehängt hatte und warum es jetzt ein anderer herunternahm – und was dieses Symbol eigentlich alles bedeutet. In einer freien Gesellschaft begegnen wir nicht mehr so häufig einer ideologischen Zensur der christlichen Motive, jedoch verhältnismäßig oft der Tatsache, dass sie durch etwas verdeckt oder überdeckt werden. Ist das vielleicht nicht ein Moment dafür, über ihren Wert nachzudenken und ihren Sinn neu zu entdecken?

Ich begegne verhältnismäßig oft Menschen in verschiedenen Glaubenskrisen: als wären ihr Kinderglaube oder die anfängliche Begeisterung eines Konvertiten ausgelöscht, die frühere Klarheit von einer dichten Finsternis und von Nebel verdeckt. Göttliche Dinge sind durch einen Schleier verdeckt. Vielleicht wäre es nützlich, sowohl die Zeit der verhüllten Bilder als auch die Zeit der Verborgenheit und der scheinbaren Abwesenheit Gottes – in der zeitgenössischen Kultur sowie im eigenen Leben – so zu erleben, wie es uns die kirchliche Tradition empfiehlt, die Fastenzeit zu erleben: als eine Zeit der Wende, der *metanoia*.

Die Bilder werden deshalb verhüllt, damit wir sie, wenn wir sie wieder anschauen – auch wenn sie sich in sich nicht verändert haben –, neu, mit neuen Augen sehen können. Jene Finsternis des göttlichen Bildes wird in der Kultur und im geistlichen Leben allem Anschein nach nicht nach dem Vergehen einer bestimmten im Voraus vorgegebenen Zeit automatisch beseitigt, sondern dann, wenn wir fähig werden, die alten Bilder des Glaubens neu – und tiefer – wahrzunehmen.

Schauen wir uns die zweite mögliche Antwort an: Die Bilder werden verhüllt, damit sie uns in der Zeit der Besinnung des Fastens nicht ablenken. Sie wenden ein: Aber es geht doch um heilige Bilder, Bilder mit religiösen Motiven, die uns bei der Besinnung helfen sollen, sie sollen eine wichtige Komponente des geistlichen und des seelischen Lebens entfachen, nämlich die Emotionalität und die Imagination – sind nicht gerade deshalb die Kunst und die Religion während der ganzen Geschichte unzertrennlich ihren Weg zusammen gegangen?

Am Aschermittwoch haben wir gesagt, dass die Religion und die Kunst eine gemeinsame Aufgabe haben: Sie machen

Predigt für den ersten Fastensonntag

das Unsichtbare sichtbar, sie sprechen das Unaussprechliche aus. Und bei dieser scheinbar paradoxen Aufgabe dienen ihnen vor allem Symbole. Das Symbol bildet eine Brücke vom Unsichtbaren zum Sichtbaren und umgekehrt, vom Unaussprechbaren und Aussprechbaren und umgekehrt, von der Realität der Sinne zum überempirischen Geheimnis. Gleichzeitig enthüllt und verhüllt das Symbol das, worauf es hinweist.

Jesus sagt nach seiner Rede in Gleichnissen, voll von Symbolen und Metaphern: Wer verstehen kann, verstehe, »wer Ohren hat zu hören, der höre« (Mk 4,9). Die Dinge Gottes lassen sich nicht bagatellisieren und wie einfache Lehrsätze vorlegen. Jene geforderte Fähigkeit zu verstehen lässt sich nicht vom Charakter der Kunst befreien, der Kunst zu verstehen; eine Kunst, die man erlernen sollte. Unsere Kirchen sollten Schulen und Werkstätten dieser Kunst des Verstehens sein. Die Sprache Gottes im Lärm der Welt zu verstehen, die göttliche Schönheit auch unter den Ablagerungen von Kitsch zu suchen und zu erkennen, einschließlich des religiösen Kitschs. Zu verstehen bedeutet unterscheiden zu können.

Ein großer mittelalterlicher Mystiker, Meister Eckhart, der einst auch gerade an diesem Ort wirkte, wo unsere Kirche steht, sprach von der höchsten geistlichen Tugend, von der Armut, nicht als von einem sozialen Status, sondern als eines Zustands des »Abstreifens der Bilder«. Das Bild ist in diesem Sinn alles, was Projektion ist – die Projektion unserer Wünsche und Ängste, die Projektion kultureller Ideale unserer Zeit, die Projektion der äußeren Autoritäten. Viele Religionskritiker haben uns geholfen, auch in unserem religiösen Leben viele solche Projektionen, Bilder, allzu menschliche Vorstellungen zu erkennen.

Die Zeit der verhüllten Bilder

In keinem Bereich des menschlichen Lebens können wir der Hilfe der menschlichen Fantasie, der Bilder entbehren; allem Anschein nach auch im Glaubensleben nicht. Es muss aber die Zeit der verhüllten Bilder kommen. Es muss die Zeit des Abstreifens, der Einfachheit im Sinne der Lehre der Mystiker kommen; der Zustand der inneren Freiheit. Für die Religion ist es fatal, wenn sie das Symbol mit der Realität verwechselt, auf die es hinweist. Oder anders gesagt, den Finger, der auf den Mond zeigt, mit dem Mond selbst verwechselt. Eine solche Verwechslung ist der Nährboden für das Unkraut des Fundamentalismus und den Aberglauben, für dieses Unkraut, das das wirkliche Wachstum des Glaubens erstickt.

Nutzen wir die Zeit der »verhüllten Bilder« gut – im liturgischen Jahr, im persönlichen Leben und auch in den geschichtlichen Augenblicken – als eine Zeit der Buße und Umkehr. Eine Zeit der Befreiung von jedem Festhalten und jeder ungesunden Abhängigkeit. Eine Zeit, in der wir unseren Finger, der kritisch auf andere zeigt, auch ab und zu auf uns selbst richten. Eine Zeit, in der wir uns mit der Asche der Bußfertigkeit den eigenen Kopf bestreuen, anstatt dass wir ihn stolz oder trotzig erheben. Eine Zeit, in der wir statt leerer Worte vor Gott schweigen können und in der wir auch Augenblicke des Schweigens Gottes aushalten, damit wir dann wieder klarer seine Stimme hören können.

Verlieren wir nicht den Mut und die Treue, die Hoffnung und die Ausdauer in den Augenblicken der Verborgenheit Gottes, damit uns einmal – wie den Jüngern in Emmaus – die Schuppen von den Augen fallen und in unsere Herzen der Funke des Verstehens fällt. Es gibt doch nichts Verborgenes,

was letztendlich nicht enthüllt wird, sagt die Schrift. Das gilt für die menschlichen Dinge ebenso wie für die göttlichen.
   Amen.

Das Licht und die Finsternisse

Predigt für den zweiten Fastensonntag

Als sie von ihm scheiden wollten, sagte Petrus zu Jesus: Meister, es ist gut, dass wir hier sind. Wir wollen drei Hütten bauen, dir eine, Mose eine und Elija eine. Er wusste aber nicht, was er sagte.
Lk 9,33

Meine Lieben,

das heutige Evangelium schildert schöne Momente, die die drei Apostel mit Jesus bei seiner Verwandlung auf einem hohen Berg erlebten. Eine alte Tradition identifiziert jenen Ort mit dem Berg Tabor in Galiläa. Die drei, die sich Jesus für diese Stunde voller Licht aussuchte, sind dieselben, die er später in die finstere Stunde in Getsemani mitnimmt. In der Geschichte der Menschheit und in den Lebensgeschichten der Menschen – sowie in unseren Glaubensgeschichten – wechseln sich Zeiten des Lichtes und Augenblicke der Dunkelheit ab.

Es scheint, dass in diesen Tagen, im Vorfrühling des Jahres 2020, eine finstere Wolke über unseren ganzen Planeten kommt und schmerzhafte Schatten auch auf unser Leben werfen wird. Am Anfang haben wir in den Nachrichten von der Pandemie des Coronavirus wie von einem exotischen Ereignis in fernen Ländern gehört, allmählich verbreitete sie sich jedoch auf weitere Kontinente. Sie erfasste Europa, und bald traten erste Krankheitsfälle auch bei uns auf.

Am ersten Fastensonntag haben wir von den »verhüllten Bildern« gesprochen, von der Verborgenheit Gottes. Gerade jetzt verhandelt die tschechische Regierung über drastische Einschränkungen der Versammlungsfreiheit, um eine massenhafte Ansteckung zu verhindern. Es ist möglich, dass davon bald auch die öffentlichen Gottesdienste betroffen sein werden. Wir werden dies zu respektieren haben und es ist notwendig, sich darauf auch moralisch und geistlich vorzubereiten. Vielleicht wird die diesjährige Fastenzeit uns ein viel strengeres Fasten abverlangen als das, an das wir uns in den letzten Jahrzehnten gewöhnt haben. Vielleicht werden wir eine Zeit der Verborgenheit Gottes erleben.

An diesem Sonntag werden viele Priester über das Coronavirus predigen. Was werden sie wohl sagen? Ich habe Predigten eines polnischen Pfarrers gelesen, für den gleich alles klar ist: Die Pandemie ist eine Strafe Gottes für die Homosexualität, für gleichgeschlechtliche Ehen, Abtreibungen, Gendertheorien und die sogenannte Istanbul-Konvention. Vor einiger Zeit prahlte wiederum ein evangelikaler Prediger in den USA, wie er mithilfe seiner Gebete einen Tornado abgewendet habe, sodass dieser nicht seine Kirche und sein Haus vernichtete, sondern andere Menschen tötete. Es wird Sie wohl nicht überraschen, dass Sie von mir nichts in dieser Art hören werden.

Wenn irgendein Unglück geschieht, erwachen all die schlafenden Agenten eines bösen, rachsüchtigen Gottes, sie erleben einen Moment großer Freude und stellen ihre Stände mit dem Erschrecken der Menschen und mit ihren billigen Rettungs-Rezepten auf. Sie missbrauchen das Unglück und missbrauchen die Religion – sie benutzen Gott als

Predigt für den zweiten Fastensonntag

ihr Instrument, als psychologisches Werkzeug ihres eigenen Hasses. Aus ihrer Vorstellung eines rachsüchtigen und sich rächenden Gottes machen sie eine verlängerte Hand, damit sie ihre Gegner zur Rechenschaft ziehen können. Sie kennen doch die Gedanken Gottes bereits vollkommen, es ist also kein Wunder, dass ihr Gott gerade diejenigen bestraft, die sie selbst hassen oder vor denen sie Angst haben, und dass er jene gerade dafür bestraft, was sie auch verurteilen.

Dazu fällt mir eine Anekdote über einen Pfarrer und eine Nonne ein, die Tennis spielen. (Diejenigen, die eine niedrigere Toleranzschwelle haben und schnell Anstoß nehmen, bitte ich, dass sie den nächsten Absatz lieber überspringen mögen.)

Der Pfarrer spielt schlecht und flucht jedes Mal: »Zum Teufel, schon wieder haarscharf daneben!« Die ehrwürdige Schwester ermahnt ihn: Hochwürden, fluchen Sie nicht, der Herrgott wird Sie bestrafen! Der Pfarrer ist – wie es bei Pfarrern so üblich ist – beratungsresistent und bessert sich nicht. Plötzlich fährt aus heiterem Himmel ein Blitz herunter – und trifft die arme Ordensfrau. Und aus dem Himmel ertönt eine Stimme: »Zum Teufel, schon wieder haarscharf daneben!«

Ist diese Anekdote eine Gotteslästerung? Ich meine nicht. Angesichts der Vorstellung eines bösen, rachsüchtigen Gottes ist es möglich und notwendig, sich mit Humor zu wehren, weil diese Vorstellung von Gott – und die ganze Theologie einer direkten Verbindung zwischen einem Unglück und der Strafe Gottes – nur eine menschliche Projektion ist, die Projektion unserer Ängste, innerer Wirrsale und unserer Feindschaften Richtung Himmel.

Als sie Jesus fragten, ob die Menschen, auf die der Turm in Schiloach fiel, größere Sünder als andere waren, lehnte er diese Spekulationen radikal ab. Er ermahnte dagegen jene, die meinten, die Ursachen eines Unglücks und die Absichten Gottes zu kennen, dass sie sich eher um ihre eigene Umkehr sorgen sollten, statt solche oder ähnliche Spekulationen anzustellen, weil die menschliche Welt und das menschliche Leben zerbrechlich sind.

Ja, die Sehnsucht, die Religion zur »Kontingenzbewältigung« auszunutzen – sich zu bemühen, Zufälle irgendwie zu erklären und die Verletzbarkeit der menschlichen Existenz rational zu begründen – ist eine begreifliche Antwort auf ein psychologisches Bedürfnis. Angesichts eines Unglücks suchen wir immer irgendwelche begreifbaren und annehmbaren Erklärungen. Die drastischste Wirkung solcher Ereignisse liegt ja darin, dass wir aus unserem gewohnten Erleben und Begreifen des Sinns des Lebens fallen. Wenn der Vernunft in solchen Momenten schwindelig wird und eine »natürliche Erklärung« nicht zur Hand ist, dann ist auf einmal Gott auch für Menschen, die dem Glauben sonst sehr fernstehen, gut genug!

Es ist natürlich, dass Gläubige und Ungläubige in Zeiten des Unglücks mehr nach Gott fragen. Aber hüten wir uns vor zu einfachen Erklärungen! Wenn wir die Konjunktur des Interesses an der Religion in Zeiten des Unglücks ausnutzen würden und den Markt mit einem Angebot an billigen, fromm klingenden Phrasen, eventuell magischen Hilfsmitteln und beruhigenden »Drogen« überschwemmen würden, würden wir damit dem Christentum keinen guten Dienst erweisen. Erinnern wir uns daran, was wir am Aschermittwoch über den Fundamentalismus als religiösen Kitsch gesagt haben.

Lauschen wir vielmehr der Schrift: dem Buch Ijob, den Worten des Paulus über das *Geheimnis des Bösen* oder dem Buch Jona. Das Buch Ijob ist eine leidenschaftliche Polemik gegen diejenigen, die im Leiden eine Strafe für die Sünden suchen wollen. Die Geschichte von Jona endet wiederum mit der Ironie des Herrn gegenüber dem Propheten, der die Rache Gottes verkündete, letztendlich aber auf Gott wütend war, als sich seine Worte nicht erfüllten. Die Bibel weicht vor dem Geheimnis des Bösen und des Leids nicht zurück, indem sie sich auf eindeutige Erklärungen in Form frommer Phrasen zurückzöge.

Wie sollte man also zu Zeiten des Coronavirus predigen? Das Thema ignorieren? Oder gibt es eine legitime Antwort des Glaubens auf diese Pandemie?

Unsere vorderste Pflicht besteht darin, vor Panik und Chaos zu warnen: Ein gesunder Glaube vertreibt die Angst und schafft Raum für rationales, ruhiges, verantwortliches Handeln. Es ist notwendig, sich diszipliniert an die Maßnahmen zu halten, die dazu dienen, dass der Mensch sich selbst und seine Umgebung schützt. Schöpfen wir aus dem Glauben, aus der Hoffnung und aus der Liebe die Kraft zur Rationalität und zur Verantwortung, zur Ablehnung des Aberglaubens, zur Überwindung von Angst und Gleichgültigkeit. Die wichtigste Antwort auf Katastrophen ist der Dienst einer solidarischen Liebe, allen Betroffenen und Bedrohten zu helfen. Diese kann viele verschiedene Gestalten haben. Wenn wir auf diesem Gebiet alles tun, was in unseren

Kräften steht, können wir darüber meditieren, was uns Gott mit einem solchen »Zeichen der Zeit« sagen will. Ich wiederhole: Meditieren, im Geist des Gebets nachdenken, einen tieferen Sinn zu suchen – das bedeutet auch: keine billigen verkürzten Antworten zu geben.

Wir können über die Schrift meditieren. In der erwähnten Passage, wo Jesus über den Turm von Schiloach spricht, fügt er hinzu: »Nein, sage ich euch; doch wenn ihr nicht umkehrt, werdet ihr alle auf dieselbe Weise umkommen.« (Lk 13,5)

Bedeutet dies, dass auch Jesus Angst hervorrufen will? Das denke ich nicht. Ich verstehe seine Worte so: Unser Leben ist wirklich zerbrechlich und unsere Welt ist verletzlich und vielleicht erinnern uns der Einsturz des Turmes, Kriege oder Epidemien an diese Wirklichkeit. Sie sind eine Herausforderung zur Wachsamkeit. Sie warnen vor einer schläfrigen Selbstsicherheit, sie warnen davor, sich auf den Reichtum zu verlassen oder in unserer Zeit auf die Macht der Wissenschaft und Technik. Diese Worte Jesu fordern uns auf, nachzufragen, worin die Hauptaufgabe unseres kurzen und verletzlichen Lebens auf Erden tatsächlich besteht.

Die Antwort Jesu lautet: in der Umkehr, in der Verwandlung – *metanoia*. Die Umkehr ist das Hauptthema der Verkündigung Jesu – und auch das Hauptthema der Fastenzeit. Zu Beginn der Fastenzeit des Jahres 2020 habe ich davor gewarnt, dass wir das Thema *metanoia* – egal, ob wir diese als Umkehr, Buße oder eine Veränderung des Denkens verstehen – nicht bagatellisieren sollten.

Das Fasten ist einer der Aspekte von Umkehr. Das Fasten ist nicht nur eine Diät, eine Veränderung des Speiseplans, die Abstinenz von Nikotin oder Alkohol oder von seichter Unterhaltung: »Tun das nicht auch die Heiden?« (vgl. Mt 5,47). Worin besteht also die »Umkehr«, die Jesus von seinen Jüngern fordert? Mit anderen Worten: Was macht einen Menschen zu einem Christen?

Wir begegnen der Vorstellung: Ein Christ zu sein bedeutet, in die Kirche zu gehen und ein anständiger Mensch zu sein. So nimmt uns oft unsere säkulare Umwelt wahr, so verstehen auch viele Christen das Christsein. Aber das reicht nicht. Vielleicht wird uns sehr bald für eine bestimmte Zeit die Möglichkeit genommen, »in die Kirche zu gehen« – und wir werden aufgefordert sein, noch andere und tiefere Grundlagen und Stützen unserer christlichen Identität zu finden und zu entwickeln.

Nicht einmal »ein anständiger Mensch zu sein« genügt. Besonders in einer so dramatischen Zeit der Verwandlung der Welt reicht das nicht. Die epidemische Verbreitung von Krankheiten ist eine der Folgen der Globalisierung, die unsere Welt verwandelt. Persönlich denke ich, dass in unserer global vernetzten Welt noch mehr verheerende Ansteckungen als das Coronavirus wirken. Eine von ihnen ist der Populismus, die politische Ideologie und Praxis, die die Ängste unserer Welt missbraucht und die politische Kultur, die Freiheit und die Demokratie bedroht. Über die Populisten können wir das sagen, was einmal Karel Čapek über die Kommunisten geschrieben hat: Ihnen geht es nicht um Hilfe, sondern um die Macht. Die Angst vor der Pandemie ermuntert nun sicher die Populisten im politischen Leben – seien wir auch auf diese Gefahr vorbereitet!

Das Maß und die Wahrhaftigkeit unseres Christseins hängt davon ab, welche Stelle wir Christus in unserem Leben geben, wie unsere Beziehung zu Jesus ist. Kommen wir zum Evangelium dieses Sonntags zurück, zur Erzählung über die Verwandlung auf dem Berg.

Auf dem Berg Tabor wird nicht nur Jesus verwandelt – dort werden auch seine Jünger verwandelt. Ihre Beziehung zu Jesus hat sich verwandelt. Sie beginnen, zu verstehen, wer in ihr Leben eingetreten ist. Bisher war es »ein guter Meister«, ein glaubwürdiger Lehrer der Moral und des Gebetes – das ist er bis heute für viele Menschen, ja auch für viele von denjenigen, die sich für Christen halten. Jesus ist jedoch mehr, weitaus mehr. Der heilige Paulus drückt dies mit den Worten aus: »Denn in ihm wohnt leibhaftig die ganze Fülle Gottes« (Kol 2,9). Und der Evangelist Johannes lehrt: *Er ist das Wort Gottes für uns.* Er ist das Wort, das in das Fleisch unserer Welt eingetreten ist. Das heutige Evangelium drückt es mit dem Bild aus: Eine leuchtende Wolke kam über sie und überschattete sie. Das Evangelium nach Johannes legt Jesus die Worte in den Mund: »Ich bin das Licht der Welt.« (Joh 8,12)

Die Dogmen, Katechismen und manche Predigten drücken dasselbe mit komplizierten Definitionen aus: Jesus ist die zweite Person der göttlichen Trinität, in dieser einen Person (*persona, prósopon*) werden in der hypostatischen Union zwei Wesen, zwei Naturen (*natura, ousía, hypóstasis*), die göttliche und die menschliche, verbunden. Wenn das jemand hört, der nicht das Glück hatte, Hunderte von Stunden mit dem Studium der griechischen und lateinischen Patristik und der mittelalterlichen Scholastik zu verbringen, wird höchstwahrscheinlich sagen: Das verstehe ich nicht. Das sagt mir nichts. Darunter kann ich mir nichts vorstellen. Es sind Worte und

Sätze, die mit meiner Erfahrung, mit meinem Leben, mit meiner Welt in keiner Weise korrespondieren – nicht einmal mit meinem Glauben. Zwischen den Sätzen »Das verstehe ich nicht« und »Das glaube ich nicht« ist seit der Aufklärungszeit nur ein kleiner Schritt.

Vielleicht müssen wir von den dogmatischen Definitionen zu den biblischen Bildern und Erzählungen zurückkommen, die auf eine andere Art die Erfahrung aufnehmen, die das Bewusstsein der Jünger auf dem Berg Tabor verwandelt hat. Sie sind in die Wolke des Geheimnisses eingetreten. Es hat sie das Licht geblendet.

Wir können uns selbst fragen: Hatten wir einmal – zumindest für einen Augenblick – eine ähnliche Erfahrung der Nähe Gottes? Vielleicht im Gebet, vielleicht in der Liturgie; vielleicht hat uns etwas Heiliges, Bedingungsloses, unbeschreiblich Schönes und Großes in der Natur oder vielleicht beim Musikhören oder in der Nähe einer geliebten Person berührt? Heiligkeit hat viele Gesichter und zeigt sich auf vielerlei Arten und Weisen.

Wir sollten diejenigen sein, die empfindsam und aufmerksam sind gegenüber diesen Berührungen des Heiligen. Wir sollten diejenigen sein, die anderen zu einer Offenheit für solche verwandelnde Erfahrungen verhelfen können. Die Bibel situiert diese Szene – ähnlich wie die Szene der Übergabe des Dekalogs oder das Opfer Abrahams – auf einem hohen Berg. Wer würde das nicht kennen, das sich unser bemächtigt, wenn wir es schaffen, aus der grauen Banalität des Alltags hinauszutreten und die starke Luft und den Duft der hohen Berge einzuatmen? Der Psychologe Abraham Maslow nannte diese Augenblicke Spitzenerlebnisse (*peak experiences*).

Haben wir irgendwann ähnliche Augenblicke erlebt? Haben wir sie bei uns ankommen und in uns wirken lassen?

Das heutige Evangelium sagt uns jedoch noch etwas Wichtiges: Bemühen wir uns nicht darum, in diesen heiligen Momenten heimisch werden zu wollen, *drei Hütten zu bauen*. In dieser Welt werden es nur Lichtblitze sein. Unser Leben ist verletzlich und auch seinem Wesen nach ambivalent, Licht und Schatten durchdringen sich hier ununterbrochen. Wie Pascal behauptete: Es ist genug Licht vorhanden für diejenigen, welche nur zu sehen verlangen, und genug Finsternis für diejenigen, deren Wünsche von entgegengesetzter Richtung sind.

Auch jene Erfahrungen mit dem Heiligen sind interpretierungsbedürftig: Wir können sie als Zufall, als Illusion auslegen – oder sie als eine geheimnisvolle Spur des Transzendenten in unserem Leben annehmen. Ich erinnere mich in diesem Zusammenhang immer an die Novelle *Der Fußstapfen* im Buch von Karel Čapek *Gottesmarter*. Ja, die Welt und das Leben in ihr sind ambivalent. Es gibt sowohl Schönheit als auch Hässlichkeit darin, sowohl Licht als auch Dunkelheit, sowohl die Musik von Bach als auch das Coronavirus, sowohl das Licht des Berges Tabor als auch die Dunkelheit von Getsemani. Wir müssen uns beider Realitäten bewusst sein – und wir müssen wählen, wem wir mehr Gehör verschaffen und den größeren Raum in unserem Entscheiden einräumen.

Jesus teilt mit uns sowohl das Licht als auch die Finsternis seiner Geschichte. Wir leben in der Welt eines beständigen Durchdringens von Licht und Schatten, von Gut und Böse, von Freude und Trauer – und obwohl diese Welt und die-

ses Leben in ihr so unübersichtlich ist, müssen wir in den konkreten Situationen immer wieder zwischen Glauben und Unglauben, zwischen Hoffnung und Resignation, zwischen Liebe und Gleichgültigkeit wählen. Mögen wir gut wählen.
Amen.

Die Offenheit Jesu

Predigt für den dritten Fastensonntag

> *Aber es kommt die Stunde und sie ist schon da,*
> *wo die wahren Anbeter den Vater im Geist und*
> *in der Wahrheit anbeten werden. Denn solche Anbeter*
> *sucht der Vater. Gott ist Geist und alle, die ihn anbeten,*
> *müssen im Geist und in der Wahrheit anbeten.*
> Joh 4,23 f.

Meine Lieben,

seit dreißig Jahren wirke ich in dieser Pfarrgemeinde – und zum ersten Mal stehe ich an diesem Sonntag allein in einer leeren und geschlossenen Kirche. Das, was wir am letzten Sonntag als Möglichkeit erwähnt haben, ist Wirklichkeit geworden. Unsere Kirchen – genauso wie die Gebetshäuser anderer Kirchen und Religionen auf einem großen Teil unseres Planeten – sind geschlossen. Es gilt ein vernünftiges Verbot von öffentlichen Gottesdiensten. Sogar der Papst hat den Katholiken auf der ganzen Welt eine Dispens von der Teilnahme am sonntäglichen Gottesdienst erteilt.

Manche Pfarrgemeinden haben sofort eine Zwischenlösung angeboten: Es ist nichts passiert, man kann die Messen bequem online aus der eigenen Wohnung verfolgen, die Eucharistie durch einen »geistlichen Empfang« ersetzen. Unsere Pfarrgemeinde wird diesen Weg nicht gehen. Die ungewöhnliche Form des diesjährigen Fastens – auch des Fastens von dem gemeinsamen Feiern der Eucharistie – hat einen Sinn, über den wir nachdenken müssen.

Ich bin davon überzeugt, dass wir die Gewohnheit des Sonntagsgottesdienstes nicht so leicht mit dem Konsum einer Messe am Bildschirm ersetzen sollten und anstatt vor dem Altar vor dem Fernsehgerät oder vor dem Computer zu knien. Vielleicht für eine lange, nicht nur für eine kurze Zeit sollen wir neue Quellen und Formen des Erlebens und des Feierns des Geheimnisses unseres Glaubens schöpferisch entdecken.

Vielleicht sind die leeren und geschlossenen Kirchen ein prophetisches Warnzeichen: Wenn unsere Kirche und unsere Frömmigkeit nicht eine Reform durchgehen, eine Umkehr, eine Vertiefung, werden bald viele Kirchen gänzlich leer und geschlossen sein. Haben wir denn nicht schon seit geraumer Zeit in vielen Ländern – einschließlich der Tschechischen Republik – den langjährigen Trend der Entleerung, des Schließens und des Verkaufs von Kirchengebäuden, Klöstern und Priesterseminaren beobachten müssen?

Als der Tempel von Jerusalem zerstört wurde, musste das Judentum eine große Reform durchmachen: Die Ordnung der Opfer im Tempel wurde von der Ordnung der individuellen Gebete, von Familien- und Gruppengebeten ersetzt, der Altar des Tempels wurde vom Tisch der jüdischen Familie ersetzt, auf viele Ritualvorschriften musste verzichtet, viele Bibelstellen ganz neu begriffen werden. Der Nachdruck auf das Glaubensleben wurde auf das Studium der Schrift, auf das Gebet und auf das Verrichten guter Taten verlagert. Geschieht mit dem Christentum heute nicht etwas Ähnliches?

Predigt für den dritten Fastensonntag

Vielleicht zeigen die geschlossenen Kirchen während der Pandemie eine nahe Zukunft, in der eine Form des Christentums untergehen wird, so wie der Tempel und die Heilige Stadt untergegangen sind, und unser Glaube wird sich mehr an jene eschatologische Zukunft annähern, in der es gemäß der Apokalypse des Johannes keinen Tempel mehr geben wird. Was wird die bisherige Form der Kirche ersetzen?

Es ist ein seltsames Gefühl, vor leeren Kirchenbänken in einer Kirche zu predigen, die jahrzehntelang jeden Sonntagabend bis auf den letzten Platz gefüllt war. Solange es untersagt sein wird, öffentliche Gottesdienste zu halten, werde ich Ihnen – und vielleicht nicht nur Ihnen, den Mitgliedern unserer Pfarrgemeinde – mit einer Serie von sonntäglichen Betrachtungen dienen. Darüber hinaus finden Sie auf unseren Webseiten eine Inspiration und eine Aufmunterung zu Familiengottesdiensten in Ihren Haushalten. Die Eucharistiefeier werden wir nicht übertragen. Ich bin tief davon überzeugt, dass zu einer realen Anwesenheit Christi in der Eucharistie die reale Anwesenheit der Gemeinschaft der Gläubigen unteilbar dazugehört. Die Technik ermöglicht es, Daten zu übertragen, Informationen – ja, auch wichtige Informationen, die für das Glaubensleben wichtig sind wie die Katechese oder Predigten –, aber es lässt sich nicht virtuell feiern, es lässt sich auf diese Art weder der Tisch des Mahles noch der Tisch des eucharistischen Mahles teilen. Vielleicht hilft uns gerade das jetzige Fasten von der Eucharistie – und die Ablehnung der Flucht zu billigen Ersatzmitteln – dabei, die Eucharistie mehr zu schätzen und dieses Geheimnis der unersetzbaren Nähe Gottes besser zu verstehen.

In der Zeit der geschlossenen Kirche ist es gut, die Bibel sowie unseren Geist und unser Herz zu öffnen. *Offenheit* ist einer der Schlüsselwerte, zu der sich unsere Salvatorgemeinschaft bekennt, die schon längst die Mauern unserer Kirche und auch die Mauern zwischen den Bekenntnissen überschritten hat. Wie Sie gut wissen, kommen zu uns regelmäßig auch Nicht-Katholiken und auch Menschen, die nicht getauft sind, Menschen, die auf einer geistlichen Suche sind – und auch zu ihnen spreche ich jetzt.

Die drei grundlegenden Tugenden des Christentums sind eigentlich die dreifaltige Form der Offenheit: Die Hoffnung ist die Offenheit gegenüber der Zukunft, der Glaube die Offenheit gegenüber dem Geheimnis Gottes und die Liebe die Offenheit gegenüber dem Geheimnis des Menschen und Gottes zugleich. In einer Zeit, in der nicht nur die Kirchen, sondern auch viele öffentliche Räume geschlossen sind und den Menschen, vor allem den alten und kranken, empfohlen wird, immer hinter der verschlossenen Tür zu Hause zu bleiben, können wir vielleicht umso mehr die innere Offenheit des Herzens und des Geistes pflegen. Bevor wir die Bibel öffnen und über das Evangelium des heutigen Sonntags nachdenken, erinnern wir uns an einige Grundsätze für diese Zeit. Manche von ihnen haben wir schon letztes Mal berührt.

Der Glaube ist das Medikament gegen die Panik und gegen die Angst. Die Angst ist noch eine schlimmere ansteckende Krankheit in unserer Welt als alle ansteckenden Viren. Ein gesunder Glaube ist der Verbündete einer gesunden Vernunft. Die vernünftige Disziplin und der Schutz der Gesundheit geht aus dem Gebot »Du sollst nicht morden« hervor und ist Ausdruck einer verantwortungsvollen Liebe

Predigt für den dritten Fastensonntag

zu sich und seinem Nächsten. Hüten wir uns vor jenen, die auf die Religion zurückgreifen, um Angst zu verbreiten, vor apokalyptischen Schwärmern, die hinter jedem Unglück einen rachsüchtigen, strafenden Gott sehen und versuchen, aus der Angst und aus dem Unglück religiöses Kapital zu schlagen. Ihr beleidigter Gott der Rache ist nicht der Gott des Evangeliums.

Denken wir an die am Coronavirus Erkrankten und ihre Nächsten, an die Ärzte und das medizinische Personal, aber auch an viele andere, die von der gegenwärtigen Situation hart getroffen sind, die sie sozial isoliert und ihnen viele Schwierigkeiten bereitet. Denken wir an sie nicht nur im Gebet, sondern bezeugen wir ihnen persönliche Nähe und aufrichtiges Interesse (rufen wir sie zumindest an); bemühen wir uns im Rahmen unserer Möglichkeiten, den anderen zu helfen. Mögen alle diese Dinge Bestandteil unserer alltäglichen Gewissensprüfung sein, ob wir auf diesem Feld alles getan haben, was wir tun sollten und konnten. Erinnern wir uns daran, dass der Dienst an den Bedürftigen ein nicht zu vernachlässigender Bestandteil unseres Gottesdienstes ist, des Dienstes an Gott.

Und jetzt denken wir über die biblischen Texte nach: Das Evangelium des dritten Fastensonntags schildert die Begegnung Jesu mit der Samariterin am Jakobsbrunnen. Es ist eine Szene, die im vierten Kapitel des Evangeliums nach Johannes beschrieben wird.

Jesus schockiert seine Jünger, weil sie sehen, wie er freundlich mit der Samariterin spricht. Diese frommen Männer sind wegen dreier Dinge geschockt und empört: Er spricht mit einer Frau, er spricht mit einer Angehörigen einer verdächtigen ethnischen und religiösen Minderheit, er spricht mit einer Frau, die schon mehrfach verheiratet war und in einer Ehe lebt, die nach dem religiösen Recht nicht gültig ist.

Jesus verachtet diese Frau augenscheinlich nicht, er ermahnt sie nicht, er stellt ihr keine vorläufigen Bedingungen, er spricht mit ihr ganz partnerschaftlich über wesentliche Sachen und die Frau ist, ohne dass sie ihre – übrigens wahrscheinlich kaum zu ändernde – Lebenssituation verändert hätte, gleich nach diesem Gespräch zu einer Apostelin geworden. Sie bekehrt die Menschen zu Jesus, bevor die Apostel diese Aufgabe erfüllen können.

Diese drei Dinge, um die es in dieser Evangelienszene geht – die Beziehung zu Frauen, die Beziehung zu Minderheiten und die Beziehung zu Geschiedenen und wieder Verheirateten –, sind in unserer Zeit Gegenstand lebhafter Diskussionen in der katholischen Kirche. Es ist offensichtlich, dass manche, die sich für besonders gute, treue und rechtgläubige Christen halten, an der Stelle von Jesus ganz anders gehandelt hätten als er und Jesus wahrscheinlich sofort hart verurteilt hätten.

Erstens: die Beziehung zu Frauen. Jesus erregte bei seinen Zeitgenossen dadurch Anstoß, weil er Frauen einen großen Raum unter seinen nächsten Begleitern einräumte. Es geht nicht nur um die Samariterin aus dem zitierten Evangelium oder um Maria Magdalena, die »Apostelin der Apostel«. Es geht auch um die Frau, die vor der Steinigung gerettet wird. Es geht auch um Maria, deren Platz als Schülerin an den Füßen ihres Lehrers – also eine Rolle, die damals ausschließlich Männern vorbehalten war – Jesus vor ihrer Schwester Marta verteidigt, die sie in die Küche und damit in die traditionelle Genderrolle verweisen möchte.

Wer Jünger Jesu ist, sollte ein führender Verteidiger der gleichen Würde von Frauen und Männern in der Gesellschaft und in der Kirche sein. Er sollte die Worte von Paulus erfüllen – für die damalige Zeit revolutionäre und für viele Menschen in der Kirche bis heute revolutionäre und unverdauliche Worte: Es ist jetzt doch nicht mehr wichtig, ob man ein Mann oder eine Frau ist, weil wir alle in Christus neu geschaffen sind.

Dieses Jahrhundert scheint mir ein Jahrhundert der Frauen zu sein. Ein neues Selbstverständnis der Frau – wie es vom heutigen Wissensstand und auch von der gesellschaftlichen Praxis widergespiegelt wird – ist ein Zeichen der Zeit. Dadurch ist es auch eine große Herausforderung für die Kirche, die berufen ist, die Zeichen der Zeit zu lesen und auf sie rechtzeitig zu reagieren – ja, sogar auch mit einem Vorsprung vor anderen. Eine wichtige Erkenntnis der Gender-Studies – dass es nämlich notwendig ist, zwischen Männlichkeit und Weiblichkeit als *Geschlecht* zu unterscheiden, das durch gegebene physiologisch-anatomische Merkmale gegeben ist, und dem *Gender*, also von der Männlichkeit und von der Weiblichkeit als einer sozialen und kulturellen Rolle zu sprechen, die sich in verschiedenen geschichtlichen Etappen und in verschiedenen Kulturen wandelt – ist für ein richtiges Verständnis des Menschen und der Gesellschaft ganz grundsätzlich. Man kann nicht die Erkenntnis der Gesellschafts- und der Naturwissenschaften – der Soziologie, der Kulturanthropologie, der Kulturgeschichte, der Psychologie und der Medizinwissenschaften – ignorieren, man kann nicht an der antiken und mittelalterlichen ahistorischen Auffassung einer »unveränderlichen menschlichen Natur« festhalten. Dieses Verständnis der menschlichen Natur ist nämlich selbst ein historisches und kulturelles Konstrukt einer bestimmten Zeit und Gesellschaft. Diese Tatsache zu ignorieren, würde für die christliche Theologie und Kirche eine gleich teuer bezahlte Blindheit bedeuten wie damals die Ablehnung der heliozentrischen Kosmologie, später der Evolutionstheorie, dann der modernen Demokratie und schließlich der Religionsfreiheit oder der Notwendigkeit eines hermeneutischen Zugangs zu den biblischen Texten, der Notwendigkeit, sie im Kontext der Zeit und des literarischen Genres zu begreifen und auszulegen. Alle diese Theorien – denen gegenüber sich die kirchliche Lehrerautorität einst hysterisch und empört verhielt – sind heute ein selbstverständlicher Bestandteil des christlichen Bewusstseins und der kirchlichen Lehre, einschließlich der päpstlichen und konziliaren Dokumente.

Wir werden auf den heutigen Widerstand gegen die Gendertheorien, der es nicht vermag, den wichtigen wahren Kern von den extremen ideologischen Auslegungen zu unterscheiden – gegen die sich auch Papst Franziskus zu Recht verwahrt –, in zehn Jahren in der Kirche wahrscheinlich mit derselben Beschämung zurückblicken, mit der wir heute die päpstlichen Dokumente aus dem 19. Jahrhundert lesen, die Pressefreiheit, Gewissensfreiheit und Religionsfreiheit verurteilen und viele weitere Grundprinzipien der modernen Kultur dämonisieren.

Als die Kirche in der Zeit des Anbruchs des Kapitalismus und der Industrialisierung und der Entstehung des Proletariats aus Angst vor dem Marxismus nicht fähig war, die Zei-

Predigt für den dritten Fastensonntag

chen der Zeit zu erkennen, verlor sie die Arbeiterklasse und konnte dies nicht einmal mit der verspäteten Entwicklung der Soziallehre wiedergutmachen. Als sie im 20. Jahrhundert im Erschrecken vor dem Darwinismus und dem »Modernismus« einen Großteil der gebildeten Schichten verlor, holte sie das mit der verspäteten Annahme der großen Werte des säkularen Humanismus und der wissenschaftlichen Erkenntnis in den Dokumenten des Zweiten Vatikanischen Konzils nicht wieder auf. Und wenn sie in der heutigen Zeit im Erschrecken vor den Gendertheorien nicht ausreichend auf das neue Selbstverständnis der Frauen antworten wird, verliert die Kirche eine ihrer Hauptstützen – die Frauen. Kehren wir hier zur Praxis Jesu zurück!

Dann gibt es hier einen zweiten Grund zur Überraschung: Jesus spricht mit der Samariterin – also mit der Angehörigen einer Ethnie, die für eine fremde und gefährliche Minorität gehalten wurde, der »richtige« Juden nicht begegnen wollten. (Cum grano salis könnten wir das mit der Beziehung der tschechischen Nationalisten zu den Sudetendeutschen vergleichen.) Warum sprichst du überhaupt mit ihr? – fragen die Jünger empört.

Jesus bevorzugt jedoch notorisch verdächtige Minderheiten, besonders die Samariter. In vielen Situationen und in vielen Gleichnissen spielen gerade die Samariter in der Predigt und der Praxis Jesu eine positive Rolle: Erinnern wir uns an den »barmherzigen Samariter« oder den Einzigen, der von zehn Geheilten seine Dankbarkeit äußerte. Eine ähnliche Haltung nimmt Jesus zu den verachteten Zöllnern ein und sogar zu Prostituierten: Auch diese können, nach den Worten Jesu, den Menschen, die auf ihre Frömmigkeit, Gerechtigkeit und Rechtgläubigkeit stolz sind, in das göttliche Königreich zuvorkommen.

Ja, wir haben uns das vielmals gesagt: Suchen wir die Wahrheit zunächst bei den Minderheiten. Alle großen Wahrheiten und Werte in Religion, Philosophie, Wissenschaft oder in der Kunst wurden als Meinung einer verachteten und oftmals verfolgten Minderheit geboren. Die Mehrheit täuscht sich meistens. Wenn die Ansichten einer *schöpferischen Minderheit* (also das Modell, das Papst Benedikt XVI. der Kirche empfohlen hat) zum Besitz der Mehrheit werden, sind sie meistens so vulgarisiert, dass eine Minderheit wieder eine neue Reform bringen muss. In der Kirchengeschichte, besonders in der Geschichte der Ordensgemeinschaften, sehen wir das sehr anschaulich.

Gerade in unserer Zeit, in der die Populisten oft erfolgreich die Unterstützung der Mehrheit gewinnen, ist dies eine sehr aktuelle Angelegenheit; wenn eine Demokratie aufhören sollte, Minderheiten zu schützen (und aufhören sollte, Prinzipien des Rechtsstaates zu ehren), wird sie zu einer gefährlichen Diktatur der Mehrheit und schließlich zur Ochlokratie. Die Christen sollen gemäß dem Evangelium das Salz und der Sauerteig sein. Vom Salz muss es nicht viel geben. Gewiss: Das Christentum muss für alle offen sein, es darf nicht zu einer esoterischen Sekte für die Auserwählten werden, aber gleichzeitig sagte Jesus klar, dass es ein schmaler Weg ist, auf dem nicht viele schreiten. Ich glaube an die Großzügigkeit Gottes, die allen Menschen guten Willens den Weg zum Heil schöpferisch bieten wird – die Vorstellung eines Massenchristentums kommt mir jedoch als eine nicht biblische und ziemlich gefährliche Illusion vor.

Predigt für den dritten Fastensonntag

Unsere Geschichte birgt noch eine dritte Überraschung: Jesus spricht mit einer Frau, die fünf Männer hatte und jetzt in einer Ehe lebt, von der er selbst klar sagte, dass sie hinsichtlich des religiösen Rechtes nicht legitim ist. Aber Jesus weiß, dass das ihre Situation ist, die wahrscheinlich menschlich nicht zu ändern ist – und er akzeptiert die Frau auch in dieser ihrer Situation. Er lobt nicht und legitimiert nicht ihren gegenwärtigen Bund, aber gleichzeitig verketzert er sie nicht, schließt sie nicht aus, legt ihr keine Bürden auf, zwingt sie nicht, aus diesem Bund wegzugehen – er nimmt sie an und sie nimmt ihn an. Und diese Frau – in dieser ihrer Situation – wird zur Apostelin und Zeugin, die die Menschen zu Jesus bekehrt – ja, noch früher, als diese Aufgabe die Apostel ergreifen.

Erinnern wir uns in diesem Zusammenhang an die bisher existierende kirchliche Praxis. Die Frau, die von ihrem legitimen Mann verlassen wurde, und zum Glück einen Menschen gefunden hat, der für sie und ihre Kinder eine Unterstützung im Leben sein kann und mit ihm eine Ehe schließt, wird für alle Zeiten vom Tisch Jesu weggestoßen (abgesehen von der Ausnahme, wenn sie aufhören würde, mit dem neuen Mann ehelich zu leben, und damit das Glück oder die Dauer dieses menschlich wertvollen Bundes bedrohen würde). Für einen Mörder, der reuevoll und ordentlich beichtet (obwohl er seinem Opfer das Leben nicht zurückgeben kann), ist der eucharistische Tisch gleich wieder geöffnet. Für die Frau jedoch nicht. Und als Papst Franziskus das Evangelium ernst nahm und sagte, dass man auf die Menschen in dieser Situation menschlich und individuell zugehen soll, auch Raum für ihr Gewissen und ihr persönlichen Wachstum geben soll, als er nur angedeutet hat, dass man ihnen zumindest in manchen Fällen die Stärkung der Eucharistie bieten kann – weil die Eucharistie ein Medikament und eine Stärkung auf dem Weg ist, nicht eine Belohnung für die Klassenbesten in der Schule Gottes –, erhob sich gegen diesen Papst das Kriegsgeschrei der Pharisäer dieser Zeit

Ja, das Evangelium dieses Sonntags sollte man in Ruhe durchdenken. Viele von uns werden in diesen Wochen der geschlossenen Kirchen in dem eucharistischen Fasten ungewollt mit jenen Menschen solidarisch, die die Kirche vom göttlichen Tisch weggestoßen hat. Denken wir an sie. Denken wir an die Notwendigkeit, diese Situation zu ändern. Denken wir an die Notwendigkeit, die Stellung der Frauen in der Kirche zu ändern und den Raum für ihre Charismen im Dienst am Volk Gottes voll zu eröffnen. Denken wir an alle Minderheiten in der Gesellschaft und in der Kirche und an die Pflicht, sich wie Jesus an ihre Seite zu stellen.

Die diesjährige Fastenzeit hat einen besonderen Charakter. Nehmen wir ihn als eine große Aufforderung zu einer Veränderung des Denkens und des Verhaltens an.

Amen.

Die Augen der Blinden öffnen

Predigt für den vierten Fastensonntag

> *Wiederum redete Jesus zu ihnen und sagte:*
> *Ich bin das Licht der Welt. Wer mir folgt,*
> *wird gewiss nicht in der Finsternis umhergehen,*
> *sondern das Licht des Lebens haben.*
> Joh 8,12

Meine Lieben,

ich grüße Sie aus der Prager Akademischen Pfarrgemeinde, aus der momentan leeren St.-Salvator-Kirche. Bevor wir auf die geistliche Botschaft dieses Sonntages und dieser außergewöhnlichen Fastenzeit eingehen, möchte ich zunächst einige Worte zur allgemeinen Situation bei uns sagen.

Zu Beginn der gegenwärtigen Krise haben viele gedacht, dass etwas wie ein momentaner Stromausfall eingetreten sei – wir beißen kurz die Zähne zusammen und bald wird alles sein wie früher. Das wird aber nicht so sein. Es ist notwendig, sich realistisch, ohne Konfusion, aber auch ohne Illusionen und billigen Trostversprechen auf ernstere und längerfristige Veränderungen in den verschiedensten Bereichen unseres Lebens vorzubereiten – und zwar auch im religiösen Bereich.

Wir wissen nicht, ob die Pandemie in drei Wochen, in fünf Monaten oder in einem Jahr abebben wird. In jedem Fall werden ihre wirtschaftlichen, sozialen und vermutlich auch politischen Folgen länger andauern. Wie viele von Ihnen versuche ich, aktuelle Informationen aufmerksam zu verfolgen und über qualifizierte Kommentare und Analysen von Spezialisten auf den Gebieten der Medizin, der Ökonomie und der Gesellschaftswissenschaften nachzudenken. Ohne Kommentar lösche ich beunruhigende Nachrichten von Wirrköpfen, die Fake News aus bekannten Desinformationsquellen verbreiten, verrückte Vorhersagen von Astrologen, Wahrsagern und Kartenlegern. Ich versuche, mich nicht über den Hyänismus der Populisten und politischen Extremisten aufzuregen, die sich bemühen, aus der Krise für sich politisches Kapital zu schlagen.

Eine der düsteren Erscheinungen der Zeit, die dieser Krise vorausging, war eine künstlich verbreitete Missachtung, ja sogar ein Hass gegenüber Experten – die Stimme der Vernunft wurde als elitäres Gehabe von Kaffeehausmüßiggängern bezeichnet. Der tschechische Präsident Zeman bezeichnete Intellektuelle, die ihm nicht Beifall klatschten, als das »Prager Lumpencafé«. Nachdenkliche und gebildete Menschen störten schon immer sehr die Populisten und Demagogen, die auf alles einfache Antworten und schlagende Parolen hatten. Nehmen Sie aus dieser Zeit eine Lehre für die Zukunft mit: Verachten wir nie die Stimme der Vernunft, schätzen wir gebildete Menschen und Experten, vertrauen wir nicht unqualifizierten Schreihälsen die Ruder der Macht an. Besonders in Situationen wie diesen brauchen wir Menschen, die sich auskennen und etwas können, die fachliche Erfahrungen haben, die aber auch menschlich reif, verantwortungsvoll, opferbereit, bedächtig und mutig sind. Zum Glück gibt es in der Welt und auch in unserer Gesellschaft solche Menschen.

Predigt für den vierten Fastensonntag

In Situationen wie diesen zeigt sich die tatsächliche Qualität von Menschen, Institutionen und einzelnen Gesellschaften – sowie von politischen Systemen. Bei jeder Kritik, die in der vergangenen Zeit an die Adresse der liberalen Demokratie herangetragen wurde, sollte man sich bewusst sein, dass man den Tod und das Leid Hunderttausender Menschen hätte vermeiden können, wenn es in China Demokratie und Pressefreiheit gäbe und nicht ein kommunistisches Regime, das politisch unbequeme Informationen zensiert, wenn China rechtzeitig und ehrlich die Welt über die Entstehung der Pandemie informiert hätte.

Die Pandemie ist jedoch auch für die freie Welt eine Bewährungsprobe. Auch in der Demokratie und in einer freien Gesellschaft müssen wir manchmal viele Einschränkungen und unpopuläre Maßnahmen vonseiten des Staates diszipliniert akzeptieren, einschließlich der Einschränkung einer Reihe unserer Freiheiten. Eine freie Gesellschaft verlässt sich jedoch nicht auf äußere Zwangsmittel – manche darf sie selbst in kritischen Zeiten nicht anwenden. Eine reife Demokratie setzt Verständnis, Selbstdisziplin und Solidarität der Bürger voraus, also ein bestimmtes moralisches und rationales Niveau. Gerade jetzt werden wir einer Prüfung unserer menschlichen und bürgerlichen Reife unterzogen. Geben wir daher darauf acht, dass gewisse Politiker an den jetzigen Einschränkungen keinen Gefallen finden und sie für immer behalten wollen.

Ich habe erwähnt, wovon heute bereits ziemlich unverhohlen gesprochen wird: dass die Pandemie langfristige wirtschaftliche, soziale und wahrscheinlich auch politische Folgen haben wird, die auf diese oder jene Weise die Mehrheit von uns berühren werden. Welche geistlichen Folgen wird sie haben?

Es ist nachvollziehbar, dass wir im ersten Moment unsere Vorräte an Hygieneprodukten, Medikamenten und Nahrungsmitteln zählen. Der Mensch lebt jedoch nicht vom Brot allein. Gerade dann, wenn ein Mensch eine gefährliche und anstrengende persönliche oder gesellschaftliche Situation mit Würde bestehen soll, braucht er dazu eine innere Kraft aus geistlichen Quellen. Wo soll er diese suchen?

Die Kirchen wurden in die Mitte von Ortschaften gebaut – hier, im historischen Kern Prags, wortwörtlich an jeder Ecke – als Zeichen der Transzendenz: Ihre Türme sind wie ein Zeigefinger, der in den Himmel gerichtet ist. In dieser kritischen Zeit sind die Kirchen aus Gründen der Vernunft leer. Übrigens waren in Tschechien, wo aus den Kirchen oft unersetzbare Kunstgegenstände gestohlen werden, viele Kirchen schon vorher tagsüber geschlossen. Versuchen wir, diese Situation als eine Herausforderung und als ein Zeichen zu begreifen. Ja, als ein Wort Gottes an uns.

Letztes Jahr gegen Ende der Fastenzeit brannte in Paris die Kathedrale Notre-Dame. Dieses Jahr sind Hunderttausende Kirchen, Synagogen und Moscheen auf dem Großteil dieses Planeten ohne Gottesdienste. Die Muslime mussten sogar auf ihre traditionelle alljährliche Massenwallfahrt zu ihrem heiligsten Ort verzichten. Wie wir bereits gesagt haben, ergreifen in solchen Momenten gerne religiöse Doppelgänger der Populisten und Demagogen das Wort, die wir aus dem politischen Leben kennen – diese finden gleich einen Schuldigen und bieten eine schnelle Antwort: Das hat die gefährliche Ansteckung des Atheismus, des Konsumismus und des

Materialismus der gottlosen modernen Zeit verschuldet! Es ist die Strafe Gottes für all das!

Ich sehe das anders. Vielleicht werden wir durch diese Ereignisse aufgefordert, unseren bisherigen rasenden Lebensrhythmus anzuhalten und im kontemplativen Nachdenken eine andere, tiefere Antwort zu suchen. Der Gott der Bibel, an den wir glauben, ist ein Gott, der sich vor allem in der Geschichte äußert, der durch den beweglichen Fluss der einzigartigen Ereignisse der Geschichte sprach und spricht. Lassen sich nicht dennoch in der Geschichte bestimmte Analogien zur heutigen Situation und zur heutigen Zeit der leeren Kirchen finden?

Geschlossene Kirchen gab es in Europa im Mittelalter, in der Zeit, als die Kirche die Strafe des Interdikts übermäßig benutzte, was gewissermaßen einen Generalstreik des ganzen religiösen Betriebs darstellte: Es wurden keine Messen gehalten, es wurden keine Sakramente gespendet, es wurde trotz der Anwesenheit eines Priesters nicht getauft, nicht geheiratet, nicht begraben. Als sich dies jedoch häufte, haben die Menschen allmählich eine persönliche Beziehung zu Gott gesucht und gefunden, sie haben den Glauben ohne die institutionellen Stützen der Religion entdeckt.

Es war die Blütezeit der Mystik, der häufig tiefen Frömmigkeit von Laien – erinnern wir uns zum Beispiel an die einflussreiche Bewegung der Devotio moderna. So wurde der Boden für die Reform der Kirche in zwei Versionen vorbereitet, die in vielem von den Schatten des mittelalterlichen Christentums befreit wurde – nicht nur in der bekannten protestantischen Reformation, sondern auch in der »katholischen Reformation«, welche die Schätze der spanischen

Mystik, der jesuitischen Missionen und das Aufblühen der Barockkultur brachte.

Eine religiöse Krise und Erschütterungen der religiösen Institutionen können eine Sternstunde für den Glauben sein, der dann seinen kulturellen und religiösen Ausdruck wiederfinden kann. Soziologen, Historiker und Theologen sagen uns, dass der Prozess der Säkularisierung, den das Christentum in unserem Teil der Welt durchlief und durchläuft, bei Weitem nicht das letzte Kapitel der religiösen Geschichte sein wird: Es ist die Zeit für eine tiefe Transformation der Religion und die Zeit für die Reform der Kirche. Die Reform kann nicht nur in einer oberflächlichen Modernisierung von Strukturen bestehen – auch wenn viele Strukturen verändert werden müssen –, sondern sie soll vor allem eine Veränderung im Denken bringen, eine Umkehr zu einer spirituellen Tiefe.

Die Fastenzeit ist für wirklich gläubige Menschen keine belanglose Übung im Entsagen, bei der man auf Schokolade oder das Fernsehen verzichtet, sondern ein Schritt auch dahin, worin die Berufung jedes Gläubigen sowie der ganzen Kirche in dieser Welt besteht – hin zur *metanoia*, zur Verwandlung: der Abstieg von der Oberfläche des Lebens, von der Oberflächlichkeit in der Frömmigkeit, im Denken und auch im Handeln, zum Kern, zur Quelle.

Vielleicht ist die Tatsache, dass uns die diesjährige Fastenzeit aus den Kirchen und religiösen Traditionen vertrieben hat, eine hervorragende Gelegenheit dazu. Lösen wir diese Situation nicht nur durch den Konsum von Messen an den Bildschirmen. Vielleicht ist es auch eine Aufforderung dazu, schöpferisch neue Wege für den Ausdruck unseres Glaubens zu suchen. Gott wohnt nicht nur in den Kirchen und ist

Predigt für den vierten Fastensonntag

nicht auf die traditionelle Liturgie und die Sakramente beschränkt. Versuchen wir die Worte Jesu ernst zu nehmen: »Denn wo zwei oder drei in meinem Namen versammelt sind, da bin ich mitten unter ihnen« (Mt 18,20).

Wir haben bereits davon gesprochen, dass die Zeit der geschlossenen Kirchen vielleicht eine Zukunft vorwegnimmt, in der wir unser Christentum tiefer gründen werden müssen als nur auf den bisher gewohnten religiösen Betrieb, weil dieser in der gegenwärtigen Zeit nicht lange bestehen wird. Vielleicht wird er einer neuen, tieferen, authentischeren Form des Christentums weichen müssen. Ich hege die Hoffnung, dass zumindest manche von uns diese Fastenzeit tiefer und fruchtbarer annehmen werden, dass sie versuchen, still zu werden und nachzudenken: Wenn Gott jetzt den normalen Ablauf der Welt und der Kirche erschüttert hat – wozu fordert er uns auf, wozu wird er uns dadurch einladen?

Lesen wir in diesem Geist das Evangelium dieses Sonntags über die Heilung eines Blinden. Es ist eine Erzählung darüber, dass ein Mensch durchschaut; ein Mensch, dessen Genesung nicht nur in der Rückgabe seines physischen Sehvermögens bestand, sondern in der Begegnung mit Jesus im Glauben. Es ist auch eine Warnung vor religiösen Profis, die sich für sehend hielten, jedoch geistlich blind waren. Jesus kam, damit er die Augen der Blinden öffnete und die Blindheit der stolzen »Wahrheitsbesitzer« aufdeckte.

Vielleicht will er uns auch dadurch, was wir jetzt erleben, die Augen für vieles öffnen, was wir nicht gesehen haben oder nicht sehen wollten. Vergeuden wir diese Zeit der Heimsuchung nicht!

Amen.

Ein Christentum mit vielen Gesichtern
Predigt für den fünften Fastensonntag

> *Wenn aber jemand den Geist Christi nicht hat,*
> *so gehört er ihm nicht.*
> Röm 8,9

Meine Lieben,

uns wurde jetzt vorgeschrieben, in der Öffentlichkeit und in der Gesellschaft mehrerer Menschen einen Mundschutz im Gesicht zu tragen. Ich bin jedoch in der Kirche, in der ich zu Hause bin, und noch dazu ganz allein – ich kann also den Mundschutz abnehmen und mein Gesicht in der Kamera zeigen. Ich verstehe dies als eine symbolische Geste – zur Spiritualität unserer Pfarrgemeinde gehört die Bemühung um ein »Christentum mit menschlichem Antlitz«, ein Christentum ohne Masken. Wir bekennen und schätzen die Pluralität des Christentums – also ein vielgestaltiges Christentum.

Vor vielen Jahren habe ich an diesem Ort während eines Jahres einen Predigtzyklus über Heilige gehalten. Gerade an ihnen sehen wir die Pluralität und die reiche Farbigkeit des Christentums. Wir sehen ein Christentum, das sich *in Lebensgeschichten von Menschen verkörpert* – die oftmals sehr originell sind, sich also sehr voneinander unterscheiden! Die Menschlichkeit und die Pluralität des Christentums – beides ist zu verteidigen und stets weiterzuentwickeln.

Wenn ich einen Glaubenskurs oder Exerzitien einleite, manchmal auch zu Beginn einer Messe, sage ich: Bitte, nehmen Sie die Masken ab! Hier müssen Sie nicht fromme Sonntagsgesichter zur Schau stellen. Gott nimmt uns so, wie wir sind, mit unseren Schwächen und Sünden, Fragen und Zweifeln.

Wenn wir in der Bibel lesen: »Seid also vollkommen!« (Mt 5,48), bedeutet das nicht: Seid fehlerlos – sondern: *Seid ganz*, das heißt authentisch und wahrhaftig. Seid, was ihr seid.

Die Zeit der Prüfung, die wir jetzt durchgehen, zeigt übrigens, wie jemand wirklich ist. Wer ein verantwortungsloser Egoist, Faulenzer oder Feigling ist, oder wer an die anderen denkt und ihnen im Rahmen seiner Möglichkeiten hilft. Vielleicht auch nur dadurch, dass er um sich herum Ruhe, Empathie und eine unbeugsame Kraft der Hoffnung verbreitet.

Die jetzige Zeit der Pandemie hat uns viel genommen und wird uns noch viel nehmen. Sie gibt uns aber auch viel, einschließlich inspirierender Beispiele von alltäglichem Heldentum und Ausdauer. Die Gesellschaft wird wahrscheinlich materiell ärmer sein, aber hoffentlich wird sie reifer sein – werden *wir* reifer sein. Auch unser Glaube wird vielleicht reifer sein, wenn er jetzt eine Prüfung durchgeht, in der wir vieles ablegen müssen, um das Wesentliche zu finden.

Vielleicht haben es viele Christen für *etwas Wesentliches* gehalten, am Sonntag in die Kirche zur Messe zu gehen. Während die ersten Christen, wie wir in der Schrift lesen, die Menschen an der gegenseitigen Liebe erkannt haben, gilt für viele Menschen der »Kirchgang« als Unterscheidungskriterium von Christen und anderen Menschen. Aber siehe da: Der Papst kann mit einem Federstrich eine Dispens erteilen und schon braucht kein Katholik zur Sonntagsmesse zu gehen; und er ist deshalb um keinen Deut weniger Christ. Auch die Messen im Fernsehen zu verfolgen, ist zum Glück nicht seine Pflicht.

Am Sonntag in die Kirche zu gehen, mit den anderen zu feiern, ist sicher aus vielen Gründen gut und wichtig, aber wie man sieht, steht und fällt das Christentum nicht damit. Das Gebot des Dekalogs, den Feiertag heiligzuhalten, ist sicherlich unaufhebbar: Jedoch müssen wir in bestimmten Situationen schöpferisch und mutig eine neue Weise suchen, wie wir es erfüllen. Und wahrscheinlich betrifft dies nicht nur den Kirchgang.

Die zweite Lesung des heutigen Gottesdienstes gibt eine Antwort auf die Frage, die uns diese Zeit gestellt hat: Worauf basiert eigentlich unser Glaube? Wir bekommen die Antwort in einer negativen Form: »Wenn aber jemand den Geist Christi nicht hat, so gehört er ihm nicht« (Röm 8,9). Es wird dort nicht gesagt: Wer an den Osterliturgien nicht teilnimmt und vor Ostern nicht zur Beichte geht, gehört nicht zu ihm. Manchmal geht es nicht, wie wir sehen, und weder die Welt noch unser Glaube werden zerstört.

Aber *wenn wir den Geist Christi nicht haben*, das Denken, das Jesus hatte, wenn sich in unserem Denken, in unseren Lebenshaltungen und in unserer Praxis der »Stil« Jesu, seine Lebenshaltungen und seine Beziehungen zu anderen nicht verkörpern, dann wird unser Glaube zerstört und es werden auch unsere Kirchen zerfallen. Denn bei vielen hat bereits der Zerfall begonnen, sie haben sich geleert, man hat angefangen, sie zu verkaufen. Bereits heute sterben viele Ordensgemeinschaften aus, es leeren sich Klöster, und viele Seminare haben aufgehört, der Nährboden für die Samen neuer priesterlichen Berufungen zu sein.

Diese Zeit kann eine Vorbereitung auf eine Situation sein, die sehr bald eintreten kann, wenn die Kirche – ja, die Kirche, nicht die Welt – »nicht umkehren wird« und sich nicht verändert. Die Schwächung der Anwesenheit der Kirche in unserer (und nicht nur unserer) Gesellschaft ist nicht nur das Ergebnis allein äußerer Einflüsse: Klagen wir nicht über den »Tsunami der Säkularisation«, den Materialismus, den Konsumismus – und wie noch all die Gespenster aus den Moralpredigten heißen. Die Verantwortung für die Kirchenkrise in unserem Teil der Welt können wir nicht immer auf die Jahrzehnte der kommunistischen Unterdrückung abwälzen. Und schon gar nicht kann man sie als eine unausweichliche Folge der Modernisierung der Gesellschaft oder des Sieges des Lichts des Fortschritts und der Wissenschaft über die Dunkelheit des Glaubens und der Religion ausgeben.

Die angeblichen Wettläufe der Wissenschaft und des Glaubens waren in den meisten Fällen Wettläufe einer schlechten Theologie (des Fundamentalismus) mit einem primitiven Verständnis von Wissenschaft (dem Positivismus und Szientismus). Ein gesunder, mündiger Glaube muss nie mit der Vernunft und mit der Wissenschaft kämpfen, er kann vielmehr ihr gewichtiger Verbündeter sein. Der Glaube hatte und hat einen ganz anderen wirklichen Feind: den Aberglauben, die Leichtgläubigkeit, die Irrationalität und vor allem den Götzendienst jeglicher Art.

Wir sehen es auch deutlich bei uns: An die frei gewordene Stelle des traditionellen Glaubens sind nicht Wissenschaft und Vernunft getreten, sondern vielmehr Aberglaube verschiedenster Art. Das, was in unserem Land und in unserem Kulturkreis in der Krise ist, ist *eine Gestalt der Kirche und eine Gestalt der Religion*, nicht der Glaube und die Religion als solche. Eine Krise der Religion kann sich manchmal auch in eine Sternstunde des Glaubens verwandeln.

Der Gegensatz zu einem gesunden und reifen Glauben sind Vorstellungen von Gott, die uns Atheisten wie Feuerbach oder Freud als Götzenbilder zu entdecken halfen, als Projektionen unserer Ängste und Wünsche an den Himmel. Hierher gehört eine Vorstellung von einem Gott, der irgendwo hinter den Kulissen der Welt in einem bequemen Arbeitszimmer sitzt, von wo aus er Racheblitze auf die von uns gekennzeichneten Ziele schleudert und gleichzeitig verlässlich unsere Forderungen erfüllt, wenn wir massenhaft mit langatmigen Gebeten versuchen, ihn gefügig zu machen, zu bestechen und zu manipulieren.

Nein, suchen wir Gott nicht wie einen Rächer hinter den Katastrophen! Das ist er nicht, dort ist er nicht! Suchen und entdecken wir ihn eher als eine verborgene Quelle der Kraft und der Inspiration für diejenigen, die in der Zeit der Katastrophen nicht nur an sich denken, sondern opferbereit den anderen helfen. Ja, Gott wirkt als eine solidarische Liebe – und das auch in denen, die seinen Namen weder kennen und noch bekennen.

Wo eine wirkliche Liebe wohnt, dort wohnt Gott – singen wir am Gründonnerstag: Wo Menschen in einer aufopfernden Liebe sich selbst überschreiten, dort ist jene bedingungslose Energie des Guten anwesend, die wir Gott nennen.

Die Pandemie hat ein solches Ausmaß angenommen, dass sie sicher für eine lange Zeit, wenn nicht gar dauerhaft, viele Dinge in unserer Welt verändern wird. Viele von uns werden, ob wir wollen oder nicht, ihren Lebensstil ändern müssen. Die Zeiten einer Krankheit – auch von gewöhnlichen Grippen, wenn wir für eine oder zwei Wochen aus dem üblichen Rhythmus ausfallen –, ermöglichen uns, am eigenen Leib zu verspüren und zu begreifen, dass wir auf manche Sachen, ohne die wir uns unsere Woche nicht vorstellen konnten, durchaus verzichten können, jedoch andere, die wir bis dahin als eine unwesentliche Selbstverständlichkeit betrachtet haben, sehr vermissen. Jetzt erleben wir dies gemeinsam und im Großen – und wir wissen nicht, wann genau und wie es enden wird. Vielleicht beginnt manchen von uns klar zu werden, dass diese Prüfung wahrscheinlich erst dann zu Ende gehen wird, wenn wir begreifen, dass wir uns auf eine durchaus andere Welt vorbereiten müssen.

Wir Christen sollten uns auch auf eine durchaus *andere Gestalt der Kirche* vorbereiten. Die Bemühungen vieler, irgendwohin zurückzukehren, zu früheren Gestalten der Kirche, sind naiv. Nicht weniger naiv sind Vorstellungen, dass sich die Kirche damit behelfen werde, dass sie sich oberflächlich »modernisiert« und sich aktuellen modischen Trends anpasst. Zu Recht sagt man: Wer den Zeitgeist heiratet, wird bald Witwer.

Der heilige Paulus warnt uns davor, uns dieser Welt und dieser Zeit (*saeculum*) oberflächlich anzupassen; stattdessen sollen wir uns selbst durch die *Erneuerung unseres Geistes* (vgl. Röm 12,2) tiefgreifend *verwandeln*. Stets geht es um diese Erneuerung – und die jetzige Situation erinnert uns eindringlich daran.

Predigt für den fünften Fastensonntag

In der ersten Lesung dieses fünften Fastensonntages lesen wir von der Verheißung des Herrn: »Ich öffne eure Gräber und hole euch heraus aus euren Gräbern [...]« (Ez 37,12). Bei diesem Text erinnere ich mich immer an einen anderen Text, über den ich bereits seit einigen Jahrzehnten meditiere; an einen Text, der viele Christen seit mehr als einem Jahrhundert erschreckte und sie empörte: der tief prophetische Text des Philosophen Friedrich Nietzsche über den Tod Gottes. Hunderttausendmal wurde er zitiert, aber viel weniger gelesen und durchdacht und noch weniger verstanden.

Nietzsche schildert den tollen Menschen – einen Narren, also den Einzigen, der die Wahrheit sagen darf –, wie er mittags mit einer angezündeten Laterne in der Hand auf den Markt geht (damit erinnert er an den Philosophen Diogenes) und Gott sucht – und von den Menschen ausgelacht wird.[15] Das Wichtigste, was viele in diesem Text übersehen, ist der Satz Nietzsches, dass er *sich unter Menschen* mischte, *die nicht an Gott glaubten*. Mit seiner Botschaft, dass Gott tot ist und wir ihn getötet haben, provozierte Nietzsche also in der Maske seines Narren nicht nur Gläubige, sondern an erster Stelle Atheisten, die an Gott nicht geglaubt haben und ihn nicht mehr suchen wollten. Nietzsche wirft denjenigen den Fehdehandschuh hin, die Gott nicht suchen.

Der tolle Mensch schildert dramatisch, was jenes Verschwinden Gottes bedeutet, jenes verheimlichte Töten Gottes, den niemand mehr sucht. Erst am Ende dieses Kapitels provoziert er nach den gleichgültigen Atheisten auch gleichgültige Gläubige, die Gott ebenfalls nicht suchen, weil sie sich für seine Besitzer, Vertreter und Ausleger halten. In ihrer Kirche stimmt er das Requiem für den toten Gott an. Und als sie ihn nach draußen hinausführen, fragt er: Was sind denn diese Kirchen noch, wenn sie nicht die Grüfte und Grabmäler Gottes sind?

Ja, eine gewisse Vorstellung Gottes, die eine Projektion der Träume und Ängste und ein Spiegel der Verhältnisse einer bestimmten Zeit war, ist tot, auch wenn manche Christen hartnäckig versuchen, sie wiederzubeleben. Lassen wir die Toten ihre Toten begraben, sagt Jesus; sicher gilt das auch für die toten Götter eines toten Glaubens.

In der ersten Lesung des heutigen Gottesdienstes hören wir die Verheißung des Herrn: »Ich öffne eure Gräber und hole euch heraus aus euren Gräbern [...]. Ich lege meinen Lebensatem in euch hinein« (Ez 37,12.14). Ich gestehe, dass mich viele Gestalten der Kirche, viele Kirchen und Gottesdienste und Predigten in ihnen, viele Bilder Gottes tatsächlich an Grabmäler eines toten Gottes und eines toten Glaubens, einer toten Religion erinnerten und erinnern. Viele Täter grauenhafter Taten, denen unlängst die Masken einer eifrigen Frömmigkeit vom Gesicht gefallen sind, einschließlich der vergötterten Gurus mancher Bewegungen in der Kirche, erinnern uns wiederum an die Worte Christi über die Pharisäer, die wie Gräber aussehen: von außen weiß und rein, innen voller Fäulnis.

Heute sind unsere Kirchen leer – einschließlich derjenigen, die noch vor Kurzem so voll waren. Der Herr hat uns aus den Kirchen hinausgeführt und er stellt uns vor die Aufgabe, auch die höchsten christlichen Feiertage ganz anders als sonst zu feiern. Vielleicht will er noch etwas mehr von uns, als dass wir die Liturgie in der Kirche gegen Messen am Bildschirm austauschen.

Predigt für den fünften Fastensonntag

Das österliche Evangelium über das leere Grab werden wir vielleicht eher zu Hause als in einer leeren Kirchen lesen. Und wenn uns die Leere der Kirche an das leere Grab in Jerusalem erinnern wird, dann sollten wir durch diese Leere nicht so sehr betrübt sein, dass wir die Stimme von oben überhören: *Er ist nicht hier; denn er ist auferweckt worden! Er geht euch voraus nach Galiläa. Dort werdet ihr ihn sehen!*

Ich denke, dass die Frage, die uns Gott an diesen Ostern stellt, diese ist: *Wo ist das Galiläa von heute, das heidnische Galiläa, wohin sollen wir gehen, um dort den lebendigen Christus zu finden?* Dort Gott zu finden, der aufgrund der Erfahrung des Todes bis zur Unkenntlichkeit verändert ist?

Diese Frage habe ich mir bereits längst vor dieser Zeit der leeren Kirchen gestellt. Aber die Antwort, zu der ich in meiner Meditation gekommen bin, werde ich mit Ihnen erst in der Karwoche teilen.

Amen.

Ich mache alles neu

Zur Betrachtung für den Palmsonntag

Ich bin der Weg und die Wahrheit und das Leben.
Joh 14,6

Meine Lieben,

heute treten wir in das Tor zu Ostern hinein, wir eröffnen die Karwoche. Wir werden wahrscheinlich die merkwürdigsten Ostern in der gesamten christlichen Geschichte erleben. Vielleicht nur mit Ausnahme einiger Perioden harter Verfolgung in manchen Ländern und zu manchen Zeiten sind die höchsten christlichen Feiertage bisher noch nie ohne öffentliche Gottesdienste abgelaufen; noch nie gab es an Ostern in einem so großen Teil der Welt leere und oftmals geschlossene Kirchen.

Ich hege jedoch die Hoffnung, dass es gerade für unsere *tschechische* – tief säkularisierte, wenn auch bei Weitem nicht atheistische – Gesellschaft ein »christlicheres« Osterfest werden kann, als es uns allen in Erinnerung ist. Auch viele von denen, die nicht in die Kirche gehen würden – viele von ihnen wissen schon nicht mehr, warum diese Feiertage seit über einem Jahrtausend in unserem Land gefeiert werden –, sind in diesem Jahr schwerer Prüfungen offensichtlich offener als sonst für die Ostergeschichte.

Die Stille der diesjährigen Ostern ist an sich vielsagend: Sie weist auf etwas hin, was nicht anwesend ist. Feiern wir also Ostern dieses Jahr einfach, aber nicht oberflächlich; gerade dieses Jahr können wir ganz unaufdringlich und dabei verständlich, würdevoll und glaubwürdig vieles aus dem Schatz des österlichen Geheimnisses auch mit jenen teilen, die ihm bisher gleichgültig gegenüberstanden. Nehmen wir die Neuheit dieser Situation als eine Herausforderung Gottes an.

Bestimmt gibt es etwas, an das sich anknüpfen lässt – gerade in unserem Land, wo das Regime unsere Kirche über einige Jahrzehnte verfolgt und aus dem öffentlichen Raum verdrängt hat. Für viele von uns – für die Priester, die in der Zeit der kommunistischen Verfolgung die »staatliche Zustimmung zur Ausübung des priesterlichen Dienstes« nie erhielten oder verloren und in der Untergrundkirche arbeiteten, denen für das Halten der Messe ohne staatliche Zustimmung ein Gefängnisaufenthalt von bis zu zwei Jahren drohte – ist die Liturgie außerhalb der Kirchenräume, in einem kleinen Kreis, zu Hause oder in einem Wochenendhäuschen an einem gewöhnlichen Tisch nichts Unbekanntes. Ich selbst habe so Tag für Tag elf Jahre lang, meistens allein oder mit ein paar Getreuen, die Messe gefeiert. Viele Osterfeste, die wir auf diese Art bei Freunden in einem Ferienhäuschen erlebten, wird niemand von uns vergessen. Ich denke auch daran, dass viele aus der Generation meiner Lehrer und Väter im Glauben, jener Priester, die in der Zeit des nationalsozialistischen und stalinistischen Terrors gefangen gehalten wurden, die Eucharistie unter noch unvergleichbar raueren Bedingungen feiern mussten, in Gefängnissen und Konzentrationslagern, mit einer Scheibe Brot und mit einer eingeschmuggelten Rosine anstelle des Weines, mit einem

Zur Betrachtung für den Palmsonntag

Blechnapf und einem Löffel statt einer Patene und eines Kelchs.

Wieder einmal, selbstverständlich unter ganz anderen Bedingungen, feiern wir Ostern ohne barocke Altäre, Weihrauchfässer, feierliche Prozessionen mit goldenen Monstranzen, ohne Orgeln und Glocken, die die Auferstehung verkünden. Wir haben nur den Tisch des Wortes Gottes zur Verfügung, das Evangelium – die Ostergeschichte. Vielleicht finden wir gerade in dieser Ausnahmesituation den Schlüssel, mit dem es möglich ist, diese Erzählung wieder zu öffnen und sie neu, tiefer zu verstehen.

Sie werden einwenden: Warum und was sollen wir dort noch suchen, wenn die Mehrheit von uns – und zwar nicht nur der Gläubigen – die Ostergeschichte schon so gut kennt? Ich antworte: aus demselben Grund, warum wir immer wieder Ostern feiern, Jahr für Jahr. In der Ostergeschichte können wir immer etwas Neues finden; etwas, das unsere momentane Lebenssituation erhellen kann. Und dies gilt auch umgekehrt. Gerade eine erlebte Erfahrung kann uns helfen, besser und tiefer jene Geschichte zu begreifen, in ihr etwas Neues für sich zu finden. (Die Philosophen nennen dies mit einem Fachbegriff den hermeneutischen Zirkel zwischen dem Text und dem Leben, zwischen der im Text verborgenen Erfahrung und der Erfahrung des Lesers.)

Ja, wir kennen die Ostergeschichte – auch deshalb, weil sie tief in unsere Kultur eingeschrieben ist, selbst wenn wir uns dessen oftmals nicht bewusst sind. Stellen wir uns nur die unglaubliche Verarmung vor, wenn die Darstellung der Geschichte der Kreuzigung und der Auferstehung aus der bildenden Kunst und aus der Musik, aus dem Theater und aus dem Film verschwinden würde, wenn hier keine Statuen, Bilder und Bauten wären von den Kathedralen bis hin zu den Wegkreuzen an den Feldern mit österlichen Motiven.

Menschen, denen das heilige Theater der österlichen Gottesdienste in den Kirchen nichts sagte, habe ich jahrelang geraten, dass sie sich auf dem Weg der Kultur in das österliche Drama hineinbegeben sollen: dass sie sich die Passionen von Bach, das *Stabat Mater* von Dvořák, den *Messias* von Händel oder die provokative Beat-Passion der Musikgruppe *The Plastic People of the Universe* anhören sollen, dass sie über die Bilder und Statuen in Galerien meditieren sollen, von den ältesten bis zu den zeitgenössischen. Jetzt sind jedoch auch die Galerien und die Konzertsäle geschlossen und das direkte Erlebnis sowohl eines Gottesdienstes als auch eines Kunstwerkes lässt sich tatsächlich nicht durch eine Fernsehübertragung ersetzen.

Es bleiben Gedanken übrig, die in Worte gekleidet werden – die sind zum Glück übertragbar. Eine alte Legende, die zum Beispiel im Gedicht *Der Schatz* in der Gedichtsammlung *Blumenstrauß nationaler Sagen* des tschechischen Dichters und Schriftstellers Karel Jaromír Erben aufgegriffen wurde, sagt, dass bei der österlichen Lesung der Passion die Felsen gesprengt werden und die Schätze sich öffnen. Bitten wir um dieses Wunder: Wenn wir die österliche Geschichte lesen und durchdenken, möge in uns das gesprengt werden, was steinern, kühl und hart ist, und möge sich der Schatz des Glaubens (oder des Vor-Glaubens) öffnen, der irgendwo tief in uns verborgen liegt. Ich glaube, dass dies durchaus in jedem von uns der Fall ist.

Zur Betrachtung für den Palmsonntag

Was bedeutet es, die Passionsgeschichte mit Glauben zu lesen, »das zu glauben«? Der Glaube bedeutet in diesem Fall nicht die Überzeugung, dass das, was wir lesen, sich einmal genauso ereignet hat. Das wäre sehr wenig, das wäre ein sehr armes und oberflächliches Verständnis von Glauben und von Wahrheit. Die Evangelien sind keine Protokolle, die Details einer längst vergangenen Handlung aufzeichnen. Sie unterscheiden sich sogar sehr deutlich in vielen Details. Die Erzählungen in den vier Evangelien sind verschiedene Meditationen von Menschen, die *in diese Geschichte eingetreten sind* und uns jetzt einladen, dass auch wir eintreten – und zwar mit allem, was uns ausmacht: mit unserem Intellekt und unseren Emotionen, mit der Fantasie und der kreativen Suche, mit einem offenen Geist und einem offenen Herz, mit unserer Sehnsucht zu verstehen und mit unserem geistlichen Durst; denn das alles sind Komponenten, die sich im Wort *glauben* verbergen.

Der Glaube ist mehr als das Vertrauen in die Zuverlässigkeit von Berichten aus der Vergangenheit und über die Vergangenheit. Der Glaube ermöglicht es mir, in die Geschichte einzutreten und sich von ihr nicht nur ergreifen zu lassen, sondern auch umformen zu lassen; darin zeigt sich *für mich* die Wahrheit dieser Geschichte. Die Wahrheit hat immer den Charakter einer Beziehung, sie geschieht im Dialog, sie wendet sich an mich und zieht mich hinein. Die bekannte Aussage Jesu im Johannesevangelium zeigt die Verbundenheit der Wahrheit mit dem Weg und mit dem Leben – die Wahrheit ist lebendig, wenn sie ein Weg, wenn sie Bewegung ist. Eine gelebte und Leben spendende Wahrheit ist immer in Bewegung, sie ist nichts Abstraktes, Ahistorisches, aus dem Kontext unserer gegenseitigen Beziehungen Herausgerissenes; eine unbewegliche und eine unpersönliche »Wahrheit an sich« wäre tot, wäre Unwahrheit.

Der Glaube ermöglicht es mir, die österliche Geschichte *für mich wahr* zu machen – und auch durch mich, denn diese Geschichte fordert mich dazu auf, Zeugnis darüber abzulegen, was sie mit mir macht. Aus der Geschichte der Theologie kennen wir diese wichtige Betonung: *Christus für mich*, Christus für mich; wie wir es im Ausruf des auferstandenen Glaubens des Apostels Thomas hören: »Mein Herr und mein Gott« (Joh 20,28). Nicht irgendeine ferne Gottheit auf dem Thron kühler »Objektivität«, der metaphysische Gott der Philosophen, den viele mit dem lebendigen Gott der Bibel verwechselt haben. Der Glaube macht mich – wie Søren Kierkegaard lehrte – zum Zeitgenossen Christi. Christlich gläubig zu sein, bedeutet, Zeuge Christi zu sein, mit seinem eigenen Leben ihn zu bezeugen. Der Glaube geschieht nicht auf der Ebene von Ansichten und Überzeugungen, sondern auf der Ebene unserer Existenz.

Wenn ich das Evangelium lese, setze ich bewusst die Brille des Glaubens auf: Ohne diese Brille könnte ich vieles nicht lesen oder würde ich es verschwommen oder undeutlich sehen. Ja, auch viele Sachen in der Welt wären für mich nicht zu lesen, wenn ich die Brille des Glaubens nicht hätte, die es mir ermöglicht, auch winzige, jedoch wichtige »Fußnoten« zu entziffern.

Bevor wir in das große Drama von Ostern eintreten, würde ich gerne mit Ihnen das teilen, was mir Ostern in den letzten Jahren – mit einer unerwarteten Dringlichkeit in diesem Jahr – sagt. Ich zwinge niemanden, dass er meine Anschauung teilt – aber ich würde jeden bitten, dass er über sie für einen Moment nachdenkt.

Ostern ist eine Geschichte über den Tod und die Auferstehung. Viele Gestalten des Christentums waren und sind von Schmerz, Leid und Tod dermaßen fasziniert, dass sie die Botschaft von der Auferstehung gänzlich übersehen. Meine Freunde aus den traditionellen Gebieten Spaniens, aber besonders Lateinamerikas und von den Philippinen erzählen mir, dass dort die Menschen den Karfreitag emotional und dramatisch mit Prozessionen mit Kreuz und Statuen mit Szenen aus den Passionsgeschichten erleben, während bei der Feier der Auferstehung die Kirchen fast leer sind. Vielleicht liegt der Grund dafür darin, dass die Gewalt, der Schmerz, das Leiden und der Tod Erscheinungen sind, mit denen Menschen überreiche Erfahrungen haben, die sie in die Zeremonien und Bräuche des Karfreitags hineinlegen. Der Karfreitag ist das, womit die Ostergeschichte – mehr als die Feier der Auferstehung – ihre Erfahrungen berührt und eine Brücke baut zwischen der Bibel und der Welt, in der sie leben.

Niemand jedoch kann Erfahrungen mit der Auferstehung machen; nicht einmal das Erlebnis des sogenannten klinischen Todes lässt sich für dasselbe halten. Wenn niemand von uns weiß, was es bedeutet, tot zu sein, dann ist auch das von den Toten auferstehen ein Geheimnis, das unsere Erfahrungen und unsere Vorstellungskraft radikal überschreitet. Wir können uns darauf nur mit dem Glauben und mit der Hoffnung beziehen.

Ein bestimmter Typ des Christentums brachte es fertig, die Botschaft über die Auferstehung dermaßen zu banalisieren, dass er damit der Skepsis und dem Lächerlichmachen der Atheisten in die Hände spielte. Eine seriöse Theologie sagt uns klar: Wenn du über die Auferstehung sprechen willst, verwirf zunächst alle Vorstellungen, die du von ihr hast. Warne dich davor, den Abgrund des Geheimnisses dadurch herabzuwürdigen, dass du ihn mit Kitschbildern von menschlichen Vorstellungen, Fantasien und Theorien verdeckst. Über die Auferstehung können wir mit Sicherheit vielleicht nur das sagen, was sie nicht ist.

Die Auferstehung Christi ist keine Wiederbelebung; nicht die Belebung einer Leiche, ihre Rückkehr in diese Welt, ein gewisses effektvolles österliches Happy End. Die Auferstehung ist keine Rückkehr zu etwas, das war, sondern sie ist eine radikale Verwandlung. Vergessen wir nicht die Erzählungen der Evangelien darüber, dass nicht einmal diejenigen den Auferstandenen erkennen konnten, die Christus eng verbunden waren. Der Auferstandene ist gekommen und kam stets wie ein unbekannter Fremder.

Wenn wir all dieses bedenken und innerlich verarbeiten, können wir neu und tiefer in den Schatz des österlichen Geheimnisses eintreten. Erlauben Sie mir jetzt, das zu sagen, was ich für das Wesentliche halte: Ich bin davon überzeugt, dass das österliche Geheimnis des Todes und der Auferstehung der Grundstein des Christentums und das Kriterium für das Erkennen der Christlichkeit ist. *Ich bin davon überzeugt, dass nur ein Glaube, der stirbt und von den Toten aufersteht, tatsächlich ein christlicher Glaube ist.*

Ich bin davon überzeugt, dass nur eine Kirche, die stirbt und von den Toten aufersteht, tatsächlich eine christliche Kirche ist. Ich bin davon überzeugt, dass nur eine Theologie, die stirbt und von den Toten aufersteht, tatsächlich eine christliche Theologie ist.

Reden wir heute vom »Tod der Kirche«. Diesen Ausdruck habe ich zum ersten Mal von einem meiner großen Lehrer im Glauben, Oto Mádr, gehört – von einem Priester, der für seine Treue zu Christus und zur Kirche fünfzehn Jahre in kommunistischen Gefängnissen leiden musste. Vater Mádr war eher ein Mann der Tat und ein Organisationsgenie als ein Mann der Feder. Einer seiner Texte verdient es jedoch, in die Geschichte der tschechischen Theologie Eingang zu finden. Es ist der Essay *Modus moriendi der Kirche* (Wie die Kirche stirbt). Mádr ließ sich hier von einem Text von Johann Amos Comenius inspirieren, in dem dieser tschechische protestantische Denker als letzter Bischof seiner Kirche deren Untergang zur Zeit des Dreißigjährigen Krieges reflektiert. Comenius überschrieb seinen Text *Vermächtnis der sterbenden Mutter, der Brüderunität*. Oto Mádr sah in dem durch Comenius beschriebenen Ende jener kleinen lokalen Kirche (das letztlich nicht ihr definitives Ende war) eine gewisse Analogie zur Situation der tschechischen Kirche zur Zeit der Verfolgung während der sowjetischen Okkupation (1968–1989), und vielleicht hatte er auch die Situation des schwächer werdenden Einflusses der Kirchen in Westeuropa im Sinn. Versuchen wir ein wenig, das weiterzudenken, was Mádr in seinem zitierten Essay nur andeutete (und es scheint, als ob er sich gegen Ende vor der Radikalität seines Gedankens selbst ein wenig erschreckt hat).

Viele lokale Kirchen, die einmal sehr lebendig und blühend waren, sind untergegangen. Viele Gestalten der Kirche sterben im Verlauf der Geschichte. Ich bin davon überzeugt, dass wir etwas Ähnliches auch heute erleben. Ich kann mich von dem Gedanken nicht befreien, dass die leeren und geschlossenen Kirchen an diesem Osterfest ein prophetisches Warnzeichen darstellen: So könnte es bald mit der Kirche enden, falls sie nicht eine tiefe Verwandlung, einen Tod und eine Auferstehung durchläuft, falls sie nicht den Mut haben wird, viele Dinge sterben zu lassen, damit das Neue, Erneuerte zum Leben auferstehen kann. Es betrifft viele Aspekte und Gestalten der Kirche und ihrer Theologie, ihres Begreifens und der Verkündigung des Glaubens.

Es scheint mir, dass die Maßnahmen, mit denen heute die Kirche in unserem Teil der Welt den schon lange anhaltenden Prozess des Wenigerwerdens der Gläubigen abbremsen will – das Zusammenlegen von Pfarrgemeinden, der Import von Priestern aus dem Ausland –, nur das »Hin- und Herschieben der Liegestühle auf der *Titanic*« ist.

Eine Gestalt des Christentums, der Kirche, des Glaubens, der Theologie, an die wir uns gewöhnt haben, sinkt unaufhaltsam in die Vergangenheit. Keine Flucht in die Welt der prämodernen Sicherheiten, in eine Welt, die es nicht mehr gibt, wird die Kirche retten, aber genauso wenig eine billige »Modernisierung«, die die Religion für die gegenwärtige Unterhaltungsgesellschaft attraktiver machen soll. Ich weiß nicht, was die großen emotionalen religiösen Shows in den überlaufenen Megakirchen Nord- und Lateinamerikas mit dem Evangelium gemeinsam haben.

Wenn ich die gegenwärtige Gestalt der Kirche mit einem sinkenden Schiff verglichen habe, dann ist es notwendig zu sagen, dass dieses Schiff trotz allem weiterhin riesige Schätze

Zur Betrachtung für den Palmsonntag

mit sich führt, die gerettet und umgeladen werden müssen – nicht in eine andere Kirche, sondern in eine andere Gestalt der Kirche. In jedem geschichtlichen Augenblick nehmen wir teil an einer der vielen Gestalten der Kirche. Die Kirche Christi ist anwesend (theologisch gesagt: »subsistiert«) in ihren vielen historischen Gestalten, sie kann jedoch mit keiner Gestalt vollständig identifiziert werden. Wie der heilige Augustinus betonte: Die Kirche ist *semper reformanda*, sie muss ständig reformiert werden. Die Treue gegenüber der Kirche (*sentire cum ecclesia*) verpflichtet uns zu einer kritischen Loyalität sowohl gegenüber ihrer zeitgenössischen Gestalt als auch zu einer prophetischen Offenheit gegenüber einer neuen, kommenden Gestalt und gleichzeitig zu einer Verknüpfung von Sehnsucht und Geduld (der »eschatologischen Geduld«) in der Erwartung ihrer endlichen und vollkommenen Gestalt im Schoße Christi am Ende der Zeiten.

Die jetzige Erneuerung der Kirche kann sich nicht nur auf die Erneuerung der Strukturen ausrichten (auch wenn diese Erneuerung gleichermaßen notwendig und erforderlich ist), sondern ihre Priorität muss die Erneuerung des Glaubens sein und eine Erneuerung des Begreifens, Durchdenkens und der Ausdrucksformen des Glaubens beinhalten – der Ausdrucksformen der Predigt, der Theologie, der Spiritualität, der Kunst und der gesellschaftlichen Praxis der Gläubigen. Und ich wiederhole noch einmal: Ich bin überzeugt, dass nur ein Glaube, der stirbt und von den Toten aufersteht, tatsächlich ein christlicher Glaube ist.

Der religiöse Kindheitsglaube, egal, ob er spontan aus psychologischen Erfahrungen mit den Eltern geboren oder aus der Erziehung durch Eltern oder Schule übernommen wurde, muss einmal »sterben«, eine tiefe Transformation durchlaufen, damit aus ihm ein reifer, erwachsener Glaube wird, der in der heutigen Welt bestehen kann.[16] Diejenigen, die sich gegen das Reifen im Glauben wehren, zitieren gewöhnlich die Worte Jesu darüber, dass wir wie die Kinder sein sollen. Jesus hat uns aber mit dieser Aussage nicht zur Infantilität aufgefordert, dazu, dass wir *Kinder bleiben*, sondern dazu, dass wir in ihrer Offenheit, Arglosigkeit, Spontaneität und Lernfähigkeit wieder *den Kindern ähnlich* werden.

Ein großer Mangel der pastoralen Praxis in der heutigen Kirche ist die Tatsache, dass das fromme Umfeld (häufig einschließlich der Priester) die Heranwachsenden in Kinderschuhe des Glaubens zwingt, jene diesen jedoch bereits entwachsen sind. Eine große Begleiterin auf dem Weg zu einem reifen Glauben kann die mutige und originelle junge Frau Theresia von Lisieux sein, die sich durch Schmerzen des Körpers und der Seele und große Glaubenskrisen zu jener Liebe hindurchgelitten hat, die nach den Worten von Paulus auch den Glauben überlebt. Nur ist es notwendig, ihren »kleinen Weg« unter den mächtigen Ablagerungen des katholischen Kitsches zu verstehen!

Auch die anfängliche Begeisterung von Konvertiten sinkt oft in den Momenten, wenn sie früher oder später auf die »menschliche, allzu menschliche« – und manchmal auch auf die unmenschliche – Gestalt der Kirche oder auf intellektuelle oder moralische Probleme stoßen, auf welche sie in den Katechismen keine Antwort finden. Aber auch diese Krisen müssen nicht zu einer Anregung werden, die Kirche oder den Glauben zu verlassen, sondern können dazu führen, dass in dieser Krise ihr Glauben von der Naivität gereinigt und tiefer und fester wird, um die vielen offenen Fragen und Paradoxien ertragen zu können. Ich erinnere gern an den Vers Vladimír Holans: »Was ohne Beben ist, hat keine Festigkeit.«

In einer ähnlichen Weise wie ein bestimmter Typ der Frömmigkeit im Verlauf des individuellen Lebens sterben muss, damit er in eine reife Gestalt verwandelt werden kann, durchläuft der Glaube der Kirche in seinen geschichtlichen Verwandlungen offensichtlich wiederholt Krisen und Reformen – und wir stehen offensichtlich mitten in einer solchen Zeit.

Versuchen wir, diesen Prozess durch die österliche Geschichte zu verstehen: Haben wir den Mut, vieles in unserer Kirche, in unserem Glauben und in unserer Theologie sterben zu lassen, die Erfahrungen des Karfreitags und des Karsamstags zu durchlaufen – und seien wir für die Überraschung einer großen Verwandlung, eines neuen Lebens offen. »Seht, ich mache alles neu« – so spricht unser Gott (Offb 21,5).

Die zweite Lesung des Palmsonntags ist eine der tiefsten Ausdrucksformen des Sinnes des österlichen Dramas: Der Mensch Jesus, auch wenn er aufgrund seines Wesens Gott gleich war, hielt daran nicht fest, sondern entäußerte sich, er nahm die Art eines Menschen an, eines dienenden Menschen, er hat sich selbst erniedrigt, er nahm auch den schmachvollen Tod an – und deshalb hat Gott ihn über alles erhöht.

Diese Selbsthingabe, die Überschreitung des eigenen Ichs (ego) im Dienst an Gott und den anderen, ist der Weg Jesu zum Vater, jener Übergang (*pesach, pascha*), mit dem die biblischen Sprachen Hebräisch und Griechisch die österlichen

Feiertage bezeichnen, die an den Exodus der Israeliten aus dem Haus der Sklaverei in das Land der Freiheit erinnern. Auch die Kirche ist eine *communio viatorum*, eine Gemeinschaft der Pilger, die von Jesus ständig lernen muss, vieles aufzugeben, vieles sterben zu lassen, damit sie zu einem neuen Leben auferstehen und in die Freiheit gelangen kann, zu der uns Christus berufen hat und in der wir fest stehen und die wir von niemanden uns nehmen lassen sollen.

Wo sich die Liebe den anderen zuneigt, dort geschieht Gott

Predigt für den Gründonnerstag

Versteht ihr, was ich an euch getan habe? [...]
Denn ich habe euch ein Beispiel gegeben,
damit auch ihr tut, wie ich an euch getan habe.
Joh 13,12.15

Meine Lieben,

der Gründonnerstag, der Tag, an dem wir des letzten Abendmahls Jesu und seiner Todesangst in Gethsemani gedenken, bringt eine unerschöpfliche Menge von Anregungen zur Meditation mit.

Das österliche Mahl wird mit der Szene der Fußwaschung eingeleitet. Jesus übernimmt hier – zur Überraschung der Jünger und unter Protest des Apostels Petrus – eine Rolle, die Sklaven vorbehalten ist. Und er schreibt in die Verfassung seiner Kirche den schockierenden Grundsatz hinein: »Wer der Erste sein will, muss der Letzte von allen und der Diener aller sein« (Mk 9,35). Überall um euch herum gieren die Menschen nach Macht und nach Profit, der Macht bringt. Bei euch aber soll es nicht so sein (vgl. Lk 22,26)! Jesus beharrt darauf, dass in der Familie seiner Nachfolger die Autorität auf dem Primat des Dienstes gegründet ist.

Wenn Jesus, der Herr und Meister, eine Sklaventätigkeit ausübt, dann sagt er damit etwas bisher Unerhörtes: *Gott geschieht dort, wo sich der Mensch in Demut und in Liebe einem anderen Menschen zuneigt.* »Wo die Güte und die Liebe wohnt, dort nur wohnt der Herr«, singt man im Hymnus, der in der Liturgie das Ritual der Fußwaschung begleitet.

Vor dem Gottesdienst des Gründonnerstags fand in den ältesten Zeiten der Kirche ein Ritual der Versöhnung statt, das mit dem Bekennen der Sünden, der Rezitation von Bußpsalmen und dem Auflegen der Hände auf die Köpfe der öffentlichen Sünder verbunden war, die so in die geistige Familie wieder aufgenommen wurden, von der sie sich getrennt hatten.

Der Gründonnerstag soll ein Familienfeiertag der Diözesen und Pfarrgemeinden sein, die durch die gemeinsame Teilnahme an der Eucharistie bestätigen, dass sie Teil der einen Kirche und des einen Christus sind, dass sie gegenseitig »Blutsgeschwister« sind, dass in ihnen das eine Blut (das Blut Christi) zirkuliert und dass sie in ihrer unvertretbaren Verschiedenheit einem Körper ähneln, der aus vielen verschiedenen Gliedern zusammengesetzt ist, wie der Apostel Paulus schreibt. Unter normalen Umständen versammeln sich am Gründonnerstag am Vormittag die Priester einer Diözese in der Kathedrale um ihren Bischof und erneuern ihre priesterlichen Weiheversprechen – und am Abend feiern sie dann mit den Mitgliedern ihrer Pfarrgemeinden das Gedenken des Abendmahles des Herrn. Der Tag, an dem Jesus für die Einheit aller betete, die an ihn glauben, sollte auch ein Feiertag der ökumenischen Sehnsucht nach der Vereinigung aller Christen am gemeinsamen Tisch sein.

Predigt für den Gründonnerstag

Dieses Jahr wurden wir aus den Kirchen hinausgeführt und an den Familientisch gesetzt. Erinnern wir uns daran, dass einst die Juden, als der Tempel von Jerusalem zerstört wurde, ihre Religion neu begreifen und aufbauen mussten: Der Altar des Tempels wurde für alle Zeiten durch den Tisch der jüdischen Familie ersetzt, und den Rhythmus der Tempelopfer ersetzte die Ordnung des privaten und gemeinsamen Gebets sowie das beständige Studium der Schrift.

Aber wir müssen nicht so weit in die Vergangenheit zurückgehen. Schon am Palmsonntag habe ich daran erinnert, wie ich während der elf Jahre meines priesterlichen Dienstes in der Untergrundkirche, als für das Feiern der Gottesdienste ohne eine staatliche Zustimmung Gefängnis drohte, Ostern in Ferienhäuschen in einem kleinen Kreis feierte: ein paar Mal im Kreis weiterer heimlich geweihter Priester, mehrfach dann mit einigen wenigen Familien. Den eucharistischen Teil des Gottesdienstes konnten wir erst spät in der Nacht feiern, wenn die Mütter ihre Kinder zum Schlafen gebracht hatten, die ja nicht wissen durften, dass ich Priester bin und wir gemeinsam eine »staatsfeindliche Tätigkeit« veranstalteten. Nichtsdestotrotz haben wir den größeren Teil des Abends mit den Kindern gefeiert und diese – heute schon selbst Mütter und Väter – erinnern sich bis jetzt daran. Wir haben mit der Fußwaschung begonnen und dann haben wir uns bemüht, soweit es möglich war, ein jüdisches Seder-Abendmahl nachzuahmen, das vermutlich das Abendmahl Jesu mit den Jüngern war: Wir hatten Hammelfleisch, grüne Kräuter, Wein und ungesäuerte Brote. Wir haben auch – wie es die Juden und offenbar auch der Apostel Johannes beim letzten Abendmahl tat – mit der Frage des Jüngsten am Tisch begonnen: Wodurch unterscheidet sich diese Nacht von allen anderen Nächten im Jahr? Und dann haben wir die Geschichte vom Auszug der Juden aus Ägypten und von der Wanderung durch die Wüste in das Gelobte Land erzählt, wir haben dazu aber auch die Erzählung über das Ostern Jesu hinzugefügt.

Nach dem Abendessen haben wir dreizehn Kerzen angezündet (um Jesus und seiner zwölf Jünger zu gedenken) und haben die Abschiedsreden Jesu aus dem 13. und 15. Kapitel des Evangeliums nach Johannes gelesen (in den langen Text haben wir manchmal die Lieder der ökumenischen Kommunität von Taizé eingeschoben). Dann haben wir aus dem Evangelium nach Lukas vom Gebet im Garten Gethsemani gelesen; es haben nur noch vier Kerzen gebrannt: Jesus nahm nur drei Jünger mit. Und zum Schluss ist nur eine Kerze übrig geblieben: Die Jünger flohen auseinander, Jesus blieb allein. Und wir haben mit unseren Worten für alle gebetet, die allein sind, für alle, die ihre Gethsemanis erleben, die Angst und den Schmerz, für alle, auf die der Schatten des Kreuzes, des Leides und des Todes fällt, für alle, die aus dem Kelch des Schmerzes trinken – und auch für uns, dass wir in schweren Momenten, ja auch in dem Moment, wenn wir aus dieser Welt scheiden werden, in der Lage sind, den Willen Gottes zu verstehen und ihn anzunehmen.

Wir haben uns daran erinnert, dass der Gründonnerstag der Tag ist, an dem wir den Geburtstag der Eucharistie und den Geburtstag der apostolischen Berufung feiern. Diese realisiert sich durch die Taufe im gemeinsamen Priestertum aller Gläubigen und durch das Weihesakrament im dienenden Priestertum derer, denen die pastorale Seelsorge und die Verantwortung für die Führung und für die Inspiration der Gemeinden der Gläubigen und für das Verkünden des Evangeliums, der frohen Botschaft vom Sieg Jesu über die Finsternis der Sünde und des Todes anvertraut wurde. Wir haben für alle Priester gebetet, dass sie das Geschenk des Priestertums nicht als eine Macht begreifen, die aus ihnen eine bessere Schicht in der Kirche macht, sondern als eine Ermächtigung zu einem demütigen Dienst. Wir haben für uns und für alle Christen gebetet, dass wir glaubwürdiger zu dem Brot werden, das den Hunger unserer Nächsten stillt, und zum Wein, der nach den Worten der Schrift die Herzen der Menschen erfreut.

Wir haben uns bemüht, jene Tat zu verstehen, mit der Jesus die jüdische Tradition gebrochen hat, als er die Segnung des Brotes und des Weines mit den Worten begleitete: *Das ist mein Leib, das ist mein Blut*. Mit dieser Geste und den begleitenden Worten führte Jesus seine Jünger in das Geheimnis seines Lebensopfers, in den Sinn seines Todes ein. Er wird bald als Brot verzehrt, sein Blut wird als Wein vergossen. Aber so wie Brot und Wein Kraft geben, so wie eine Speise das Leben aufrechterhält, so wird auch sein Opfer eine Kraft- und Lebensquelle sein. Das Brot, das gebrochen und ausgeteilt wird, damit es aufgegessen, restlos verzehrt wird, gibt Kraft und erhält das Leben. Genauso gibt sich derjenige ganz hin, der von der Liebe bis zum Äußersten verzehrt wird. Eine solche Liebe gibt Kraft, befreit, erhält das Leben. Es ist eine aufopfernde, sich selbst schenkende Liebe. Ohne sie wäre das Leben ein bloßes Überleben an der Oberfläche. Das Opfer offenbart den Preis, das Gewicht der Werte. Wenn für uns jemand fast alles opfert, zum Beispiel seine Zeit, gibt er uns zu erkennen, dass er uns mehr als seine Zeit wertschätzt. Jesus schätzte uns mehr als sein eigenes Leben. Er gibt uns das Wissen um unseren Wert zurück. Mit seinem Wort zu den weinenden Frauen in Jerusalem auf dem Kreuzweg warnt er auch uns, dass wir Ostern nicht mit einem sentimentalen Weinen um ihn verbringen, sondern lieber unser eigenes Leben verwandeln sollen. Auch wir sollen lernen zu geben, auch wir sollen uns auf seinen Weg begeben, damit die Welt geheilt werde.

Die Eucharistie – das heilige Brot des ewigen Lebens und der Kelch des ewigen Heiles – ist ein Pfand, ein Vorgeschmack des himmlischen Abendmahls. Sie ist der Aperitif des Abendmahls im Königreich Gottes. Sie ist ein Stück Himmel auf Erden.

Heutigen Priestern wird oft vorgeworfen, dass sie zu wenig vom Himmel und von der Hölle sprechen. Von der Hölle – nicht von der Hölle der Volksfantasien, sondern von der wirklichen Hölle der Verlassenheit von Menschen und von Gott – werden wir morgen am Karfreitag sprechen. Heute sprechen wir lieber einige Worte über den Himmel.

Der Himmel ist seit jeher ein Symbol für Gott. Diese Metapher will uns sagen, dass Gott mit uns ist wie der Himmel über uns – er ist immer mit uns, auch wenn wir uns seiner nicht bewusst sind, auch wenn er außer unserer Reichweite, außerhalb unseres Einflussbereichs ist. Er ist der äußerste Horizont unserer Existenz. Das Bild vom »Himmel über uns« passt nicht in unsere heutigen kosmologischen Vorstellungen hinein, trotzdem können wir diese Metapher verstehen: Sie erhebt unsere Köpfe, sie wendet unseren Blick zum Ort der Hoffnung auf die endgültige Erfüllung unseres Glaubens. Die Bibel spricht vom Ziel der Geschichte und des menschlichen Lebens – vom endgültigen Ruhen in Gott – in Bildern.

Ein häufiges Bild in diesen Erzählungen ist das Mahl: Der Herr richtet seinem Volk, seinen Auserwählten, ein großartiges Mahl aus. Jesus nahm häufig an Mahlen teil und er spricht in vielen seiner Gleichnisse von einem Mahl. Eine Einladung zu einem königlichen Mahl ist eine Ehre, ein unverdientes Geschenk, aber auch eine Verpflichtung. Viele sind der Einladung nicht würdig. Eine Einladung zu missachten, ist eine ernste Beleidigung des Gastgebers. Auch wenn eine Einladung unerwartet kommt, soll sie der Mensch nicht als selbstverständlich ansehen, er muss ein feierliches Gewand anziehen. Und dann soll er auch großzügig diejenigen an seinen Tisch einladen, die von niemandem eingeladen werden.

Der Himmel – das Königreich Gottes – ist die Gemeinschaft der Liebe. Im Himmel zu sein, bedeutet, in Gott zu sein. In Gott zu sein, bedeutet, in der Liebe zu sein. In der Liebe zu leben – in der wirklichen Liebe, die opferwillig ausgeteilt wird – bedeutet, in Gott zu leben. »Wo die Güte und die Liebe wohnt, dort nur wohnt der Herr« – denken wir an diesen Gesang aus der Liturgie des Gründonnerstags.

Das diesjährige Osterfest feiern wir nicht in den Kirchen, sondern zu Hause, in unseren Familien. Bemühen wir uns – gerade in diesen schweren Zeiten –, in unsere Familien ein Stück Himmel hereinzubringen.

Amen.

Die Geduld, die Hoffnung genannt wird

Zur Betrachtung für den Karfreitag

Mein Gott, mein Gott, warum hast du mich verlassen!
Ps 22,1

Meine Lieben,

am Karfreitag werden in den katholischen Kirchen seit jeher keine Messen gefeiert. Es finden Karfreitagsliturgien statt, die schlicht sind und dadurch umso überzeugender und tiefer. In diesem merkwürdigen Jahr wird der ganzen Kirche – nicht nur am Karfreitag, sondern wahrscheinlich während des gesamten Osterfestkreises – eine äußerste Enthaltsamkeit in Bezug auf liturgische Feiern auferlegt. Vielleicht können wir aber dadurch die Tiefe der österlichen Botschaft besser wahrnehmen.

Im Mittelpunkt des Karfreitagsgottesdienstes steht das Kreuz – die Passion und die Kreuzverehrung. Eine bekannte Legende aus den Zeiten des alten Roms erzählt von dem Traum, den Kaiser Konstantin vor der Schlacht an der Milvischen Brücke hatte. Der Kaiser sah darin ein Kreuz und hörte eine Stimme: In diesem Zeichen wirst du siegen! Am Morgen ließ er das Monogramm Jesu an seine Kriegsfahnen befestigen und siegte wirklich in der Schlacht – aus Dankbarkeit erteilte er den Christen die Bekenntnisfreiheit. Einmal habe ich diese Sage mit der ironischen Frage kommentiert, wie wohl die Geschichte Roms, die Geschichte der Kirche und der Welt aussehen würden, wenn der Kaiser seinen Traum intelligenter, tiefer begriffen hätte. Das Kreuz wurde uns nämlich weder als Amulett für Kriegsglück noch als magischer Schutz vor Unglück gegeben. Das Kreuz ist vielmehr Ausdruck des *Paradoxons*, das im Zentrum des christlichen Glaubens steht: dass nämlich viele Siege in Wirklichkeit eine Niederlage sind und viele Niederlagen einen Sieg darstellen.

Auf das Zeichen des Kreuzes weist auch die schwer begreifbare Aussage Jesu hin, mit der er seine »Erhöhung« – die Kreuzigung – mit jenem Zeichen der Schlange verglich, das Mose in der Wüste aufstellte: Diejenigen, die die Schlange anschauten, wurden von dem Schlangengift geheilt. Wenn wir ans Kreuz nah herantreten und es anschauen – wie und wovon können wir geheilt werden?

Dem Begründer der Tiefenpsychologie, Carl Gustav Jung, zufolge hat jeder von uns seinen Schatten – den Teil seiner Persönlichkeit, den er in der Regel vor den anderen und auch vor sich selbst versteckt. Es sind Eigenschaften in uns, die wir uns nicht eingestehen können oder wollen. Es ist unsere nicht eingestandene Schuld, einschließlich der Schuld, von der wir beim Bußakt in der Messe sagen: »dass ich Gutes unterlassen habe«.

Der lateinische Ausdruck für die Schuld, *debitum*, bedeutet wie im Deutschen auch *jemandem etwas schuldig sein*: Es geht darum, was wir dem Leben, Gott und den anderen schuldig sind. Es sind unsere Silberstücke, die wir bekamen, vergruben, nicht benutzten oder missbrauchten. Unsere Schulden sind Bestandteil unseres Schattens. Mit unserem

Zur Betrachtung für den Karfreitag

Schatten verfahren wir oft so, dass wir ihn auf andere projizieren: Erst dort bringen wir es fertig, ihn zu benennen, zu urteilen und zu verurteilen! Wir beschuldigen in der Regel die anderen gerade dessen, was wir selbst begehen. Wenn uns jemand ohne einen ersichtlichen Grund in Rage bringt und zum Zorn reizt, stellen wir uns die Frage, *ob er uns nicht einen Spiegel vorhält* – ob uns an ihm nicht gerade das stört, was *unser eigener* Schatten, unsere eigenen nicht eingestandenen Charakterzüge sind.

Der Dichter Jan Zahradníček schrieb: »Mein Nächster, mein Bruder [...] und derjenige, der die Welt anstreichen wird mit der hässlichen Farbe des Hasses, rührt gleicherweise in unserem sowie in seinem Herzen [...]. Wir beschuldigen jemand und dabei ist auf der Bank zwischen den Schuldigen noch Platz, auch für uns.« Die Voraussetzung zur Umkehr und zur Heilung von Beziehungen besteht darin, seinen Schatten in sich zurückzuziehen, ihn sich einzugestehen und anzunehmen: Auch das bin ich, es ist *meine* Schuld. Ein solcher Schritt trägt wesentlich zu einer wahrhaftigeren Selbsterkenntnis und einem Demütigwerden und auch zur Klärung unserer gegenseitigen Beziehungen bei.

Die anderen halten uns den Spiegel vor. Der Spiegel ist aber in der Regel nicht sauber, weil auch sie nicht ganz unschuldig und rein sind. Auch sie projizieren manchmal zur Vergeltung ihre eigenen Schatten auf uns, sie vergelten Gleiches mit Gleichem und manchmal auch mit Schlimmerem. Wir sind alle irgendwie verwickelt in eine Welt voller Gewalt und Lügen, der eine mehr und der andere weniger – jedoch tragen wir alle für den Zustand der Welt einen Teil der Verantwortung. Bereits Papst Johannes Paul II. und mit noch einer größeren Dringlichkeit Papst Franziskus sprachen davon, dass es nicht nur unsere persönlichen Sünden gibt, sondern dass wir in die sündhaften Strukturen der Welt verwickelt sind, dass es »soziale Sünden« gibt. An ihnen nehmen wir durch unseren Lebensstil teil, zum Beispiel durch Verschwendung oder Fahrlässigkeit gegenüber der Umwelt oder durch die Verbreitung nicht belegter Nachrichten oder Propaganda, durch die Verbreitung von Panik und Verzweiflung, durch die Nichtteilnahme am bürgerlichen Leben, durch Gleichgültigkeit der Lüge und dem Bösen im öffentlichen Leben gegenüber, durch das Nichtunterscheiden von Werten. Dieses sind oft schwerwiegendere Sünden als diejenigen, die wir uns im Halbdunkel der Beichtstühle zu flüstern angewöhnt haben.

Im Mittelpunkt der Geschichte steht jedoch derjenige, der das Böse nicht vergalt, der die Beleidigungen und Beschuldigungen sowie die finsteren Schatten seiner Feinde auf sich fallen ließ. Nur derjenige, der auf Böses nicht mit Bösem antwortet, bei Schlägen nicht zurückschlägt und dadurch die in Schwingung gebrachte Spirale der Rache in Schwung hält, wird zum *Spiegel, in dem wir das Böse sehen, wie es ist*. Der Unschuldige – im Unterschied zu allen anderen – wird zu einem klaren, nicht verzerrten Spiegel, der der Welt vorgehalten wird. Er kam, wie geschrieben steht, damit die Geheimnisse vieler Herzen offenbar werden (vgl. Lk 2,35).

Der Unschuldige reizt das Böse umso mehr, weil er es seiner Ausreden und Alibis beraubt, weil er es überführt, ohne dass er reden oder beschuldigen würde. Dadurch, dass er auf Gewalt und Rache verzichtet, wird er zum Opferlamm: *das Lamm, das unsere Sünden auf sich nahm*, unsere Schatten, unser Verschulden, die Schulden der Welt.

Zur Betrachtung für den Karfreitag

Ja, das Kreuz ist jener Spiegel, in dem wir das Böse in seiner ganzen Nacktheit und Grausamkeit sehen können. Das ist die abgewandte Seite der Welt, in die auch wir durch unsere Taten, Worte und Denkweisen oder dadurch verwickelt sind, dass wir nicht alles getan haben, was wir den anderen an Gutem hätten tun können und sollen.

Schauen wir im Licht des Glaubens in den Spiegel des Kreuzes. Denken wir an die Spirale des Bösen, die ständig in Schwung gebracht wird. Wir wissen nie, wohin die Ohrfeige oder das harte Wort, die wir in die Welt hinausgelassen haben, letztendlich gelangen. Das erlittene Unrecht schaukelt weiteres Unrecht auf, Menschen rächen sich häufig für erlittenes Unrecht dadurch, dass sie ihre Wut bei anderen, Schwächeren abladen.

Am Kreuz hängt derjenige, der das Böse dadurch stoppte, dass er seine Wange hinhielt, dass er zum Spiegel wurde, in dem wir das Böse ohne Masken und Ausreden sehen. Betrachten wir das Kreuz mit den Augen des Glaubens.

Wir werden dort die Wahrheit über den Menschen, über die Welt und über Gott sehen. Und nur die Wahrheit wird uns, wie geschrieben ist, frei machen, nur sie kann uns heilen.

Im zweiten Teil der Betrachtung würde ich gerne bei der Szene der Passion nach Johannes stehen bleiben, in dem der Richtspruch von Pilatus geschildert wird. Wir sehen hier die uralte Konfrontation von Wahrheit und Macht. Jesus erklärt Pilatus, was er mit dem Satz »Ich bin ein König« meint. Er sagt zu ihm: »Ich bin dazu geboren und dazu in die Welt gekommen, um für die Wahrheit Zeugnis abzulegen.« Daraufhin folgt die bekannte Frage von Pilatus: »Was ist Wahrheit?« (Joh 18,37 f.). Diese Frage ist kein Ausdruck eines philosophischen Durstes eines Herrschers, eine verlässliche Definition von Wahrheit zu bekommen. Wie diese Frage geklungen haben dürfte, habe ich einmal durch eine Lebenserfahrung vor vielen Jahren begriffen.

Zur Zeit des sogenannten »Oppositionsvertrags« zwischen zwei politischen Parteien in der Tschechischen Republik in den neunziger Jahren – eines Vertrags, der die natürliche Dynamik des Wettbewerbs zwischen Regierung und Opposition durch ein Machtkartell ersetzte, das unter anderem einen ungewöhnlichen Aufschwung der Korruption ermöglichte – habe ich an einer sonntäglichen Fernsehdebatte mit hohen Repräsentanten dieser beiden großen Parteien teilgenommen. Als wir aus dem Studio gegangen sind, habe ich einen von ihnen gefragt: »Wenn wir hier jetzt alleine ohne Kameras und Zeugen sind, sagen Sie mir: Sie wissen doch, dass alles, was Sie dort die ganz Stunde über gesagt haben, überhaupt nicht die Wahrheit ist?« Er schaute mich mit einer Mischung aus Mitleid und Verachtung an: »Wahrheit? Welche Wahrheit? Ich spreche zu meinen Wählern und die andere Partei wiederum zu ihren.« Bis heute hallt in meinen Ohren nach, mit welcher tiefen Verachtung er das Wort Wahrheit ausgesprochen hat, als wäre es ein vulgärer Begriff aus der Gosse. Übersetzt heißt dies: Uns interessiert überhaupt nicht, was Wahrheit ist. Mit einer solchen Frage halten wir uns gar nicht auf. Wir haben Umfragen bezahlt, wir wissen, was unsere potenziellen Wähler hören wollen, und das sagen wir ihnen. Sie geben uns ihre Stimmen, den Zugang zur Macht und zum Geld. Wer diesen Mechanismus nicht versteht, der soll uns nicht in die Quere kommen.

Zur Betrachtung für den Karfreitag

An dem Tag habe ich begriffen, was Pilatus zu Jesus sagte: Wahrheit? Was ist das überhaupt? Welches Gewicht hat die Wahrheit? Nur Macht hat Gewicht: Begreifst du nicht, dass ich die Macht habe, dich freizulassen oder dich kreuzigen zu lassen?

Ja, das ist die Sprache des »Königreichs dieser Welt«. Das ist jene Logik der Macht, vor der Jesus vor dem letzten Abendmahl seine Jünger, seine Kirche warnte: Bei euch aber soll es nicht so sein! Das ist das, was der heilige Augustinus als *civitas terrena*, dem Gegenteil der *civitas Dei*, der Bürgerschaft Gottes bezeichnet. Staaten ohne Gerechtigkeit nannte er »große Räuberbanden«. Das ist das, was Papst Franziskus in der Kirche Klerikalismus nennt: den Vorrang der Macht vor der Wahrheit, des Gesetzes vor der Liebe, des Wahrheitsbesitzens vor der Wahrheitssuche, der Ideologie vor dem Glauben, des Moralisierens und Verurteilens vor der Demut und Barmherzigkeit.

Pilatus, der Mann der Macht, ist ein Schwächling, ein Mann der Ausflüchte und ein Feigling. Er weiß nur zu gut, dass Jesus unschuldig ist. Wenn er auf nichts Rücksicht nehmen müsste, würde er ihn sicher freilassen. Aber er hat Angst vor der jüdischen Hierarchie, die er verachtet, er hat Angst vor dem Kaiser, mit dem sie ihm drohen, er hat Angst vor der schreienden Menschenmenge, auch wenn er sie für einen korrumpierten Pöbel hält. Ja, das ganze Drama der Passion lässt sich in der Optik dieser Welt so lesen: Der kleine Narr, der naive Utopist aus Nazaret, endete wie alle anderen, die der zynischen Macht in die Quere kommen wollten. Denn diese weiß, dass die Wahrheit ein leeres Wort ist, sie hat alles im Voraus bestens kalkuliert, sie weiß, worauf die Menschen anspringen! Der Prophet aus Nazaret endete am Galgen des Kreuzes. Sie haben ihn ins Grab gelegt und einen Stein davorgerollt.

Die Mächte dieser Welt bemühen sich mit allen Kräften, »dass nicht überschreite die Geschichte den Karfreitag Mittag«[17], schrieb Jan Zahradníček in seinem prophetischen Gedicht *Das Zeichen der Macht* kurz vor seiner Verhaftung.

Wir können jedoch die Ostergeschichte weiterlesen. Wir können ihrer Fortsetzung in der weiteren Geschichte der Welt und der Kirche, auch in unserer Gegenwart, auch in unserem Leben folgen. Die Geschichte wurde deshalb aufgeschrieben, damit wir wissen, dass der Felsblock nicht so schwer ist, dass er eines Morgens nicht weggewälzt werden könnte.

Gehen wir zum dritten Gedanken über. Ein Bestandteil der traditionellen Karfreitagsfrömmigkeit ist die Verehrung der Wunden Jesu – diese war zum Beispiel Franz von Assisi sehr nahe und sie ist auch ein häufiges Motiv in den Predigten von Papst Franziskus.

Die Ostererzählung, wie sie das Evangelium nach Johannes schildert, ist von zwei Aussagen gerahmt: Von dem Ausruf von Pilatus: »Da ist der Mensch« (Joh 19,5) und dem Ausruf von Thomas: »Mein Herr und mein Gott« (Joh 20,28). Beide Aussagen betreffen Jesus, beide werden *mit dem Blick auf seine Wunden* getroffen – die eine spricht vom Menschsein, die andere vom Gottsein. Man könnte sagen, dass diese beiden Sätze *zwei unterschiedliche Deutungen der Wunden Jesu* darstellen. Seine Wunden – vielleicht mehr als irgendetwas anderes, ja, vielleicht sogar nur sie – enthüllen jene Verbindung des Menschlichen und des Göttlichen, die Jesus von Nazaret darstellt. Das jedoch, was zwischen ihnen liegt, ist das »österliche Geheimnis«: Tod und Auferstehung Jesu. Die Aussage von Pilatus »Da ist der Mensch« begleitet eine Geste, die auf jenen Mann zeigt, der sich nach der drastischen Geißelung zu einem blutigen Fleischklumpen verwandelt hat. Ist dies noch derselbe Mensch, der am Morgen als Anwärter auf den Königsthron vor das Tribunal des Herrschers geführt wurde? Ist das überhaupt noch ein menschliches Wesen? Der Mann voller Wunden drückt eine tiefe Wahrheit über den Menschen und sein Schicksal aus. Der Mensch ist *nichts* – das ist die Wahrheit des Karfreitags, ohne die es keinen Ostermorgen gibt. Was wissen wir über den Menschen, solange wir vor der Möglichkeit zurückschrecken, ohne alle Illusionen bis an den äußersten Rand des menschlichen Schicksals zu blicken, wenn wir nicht den Grund berühren, wenn wir vor dem Abgrund das Gesicht verhüllen? Wenn Jesus das Wort Gottes für uns ist, das die *ganze* Menschheit annahm, dann umschließt sein Menschsein nicht nur jene Größe und Vollkommenheit des Menschen als des noch unbeschädigten Abbilds Gottes, sondern auch den zweiten Pol des Menschen, auch die finstere, schmerzhaft vernarbte Seite des menschlichen Schicksals, das Elend und die Erbärmlichkeit, vor denen wir unsere Augen, unsere Ohren und unser Herz gerne verschließen.

Verweilen wir jedoch noch bei einer der Wunden Jesu, bei der tiefsten; bei einem Wort Jesu am Kreuz, bei dem finstersten; bei einem Satz aus dem Apostolischen Glaubensbekenntnis – bei dem unbegreiflichsten: »hinabgestiegen in das Reich des Todes«.

Die einzelnen Evangelien bringen sehr unterschiedliche Schilderungen des Todes Jesu: Bei Johannes und Lukas stirbt Jesus mit Worten, die sein Leben feierlich vollenden und krönen: »Es ist vollbracht« (Joh 19,30), »Vater, in deine Hände lege ich meinen Geist« (Lk 23,46). In der Schilderung von Markus und Matthäus stirbt Jesus mit dem herzzerreißenden Ausruf: »Mein Gott, mein Gott, warum hast du mich verlassen?« (Mt 27,46; Mk 15,34). Die Aussage aus dem Apostolischen Glaubensbekenntnis, »*hinabgestiegen in das Reich des Todes*«, können wir als einen Kommentar dieses Ausrufs begreifen.

Modernen Pfarrern wird vorgeworfen, dass sie zu wenig von der Hölle, dem Reich des Todes, predigen. Ist dies vielleicht deshalb der Fall, weil der Begriff »Hölle« im Bewusstsein vieler Menschen mit kindischen oder auch perversen Vorstellungen verbunden ist? Wir können weder die Teufel aus den tschechischen Volksmärchen, die die Kinder erschrecken sollen, noch die sadomasochistischen Fantasien der Barockprediger über die Folterkammern der Unterwelt, die die Erwachsenen in Angst und Schrecken versetzen sollen, ernst nehmen. Diese Vorstellungen haben an Kraft verloren angesichts der geschichtlichen Erfahrungen mit den Höllen, die sich die Menschen gegenseitig auf Erden bereiteten – vor allem in den modernen Kriegen, in den kommunistischen und nationalsozialistischen Konzentrationslagern und in den Verbrechen der Terroristen unserer Zeit.

Die Hölle, sagt uns der Katechismus, ist der Zustand der Abgeschiedenheit von Gott. Es ist ein Zustand der Entfremdung des Menschen vom eigentlichen Sinn seines Lebens, nämlich von der Gemeinschaft mit Gott, vom Sein in der

Zur Betrachtung für den Karfreitag

Liebe. Und gerade das ist der Zustand, von dem der Ausruf Jesu am Kreuz zeugt: »Mein Gott, mein Gott, warum hast du mich verlassen?«

Jesus ist in die Hölle hinabgestiegen. Zunächst ist er in jene Kreise der Hölle hinabgestiegen, die sich die Menschen auf Erden machen – oft gerade diejenigen, die den Menschen den Himmel auf Erden versprachen. Er ist in die Hölle der menschlichen Grausamkeit hinabgestiegen. Ich höre in dem Ausruf Jesu seine Solidarität mit dem Leid aller Opfer der Gewalt und der Ungerechtigkeit aller Zeiten – auch unserer Zeit. Ich nehme in ihm auch den Schmerz derer wahr, deren Glaube und Hoffnung im Augenblick des Leids gekreuzigt werden. Ich höre dort die Klage derer, denen in dieser Zeit ein unsichtbarer Virus ein Sterben in Einsamkeit bereitet hat, auch den Schmerz ihrer Nächsten. Ich höre dort die schmerzhaften Fragen derer, denen die Folgen der Pandemie die Existenz zerstört und sie zu Armut oder sozialer Unsicherheit verurteilt. Ich höre dort den Zorn und die Verzweiflung jener Menschen, die zu begreifen beginnen, wie verletzlich unsere Welt ist und wie wenig viele von denen taten, denen Macht und Verantwortung anvertraut wurde.

Das Lamm, das die Sünden der Welt hinwegnimmt, trägt vor Gott und sein Gericht die schmerzhaften Fragen aller Leidenden. Aus allen irdischen Höllen, Folterkammern und Konzentrationslagern, aus den überfüllten Lazaretten, aus den finsteren Abgründen des Schmerzes und des Unglücks erklingt diese Frage »warum« – und Jesus ruft sie vom Kreuz in die finstere Wolke des Schweigens Gottes.

Ja, Jesus ist in einen noch tieferen Kreis der Hölle hinabgestiegen, in die Hölle der Abgeschiedenheit von Gott, des

Schweigens Gottes in der Stunde der Prüfung. Am Kreuz sterben unsere naiven Vorstellungen von Gott. Theologen vieler Jahrhunderte bauten eine theologische Disziplin auf, die Theodizee genannt wird, welche das Faktum des Leids mit dem Gedanken der Existenz eines guten, allmächtigen und allwissenden Gottes spekulativ versöhnen wollte. Die heutige Theologie, die Theologie nach Auschwitz und nach dem Gulag, nach den Erfahrungen mit terroristischen Angriffen und jetzt auch mit einer globalen Krankheit, lehnt diese Versuche, Gott zu rechtfertigen, als eine Gotteslästerung ab. Wer sind wir, dass wir das Geheimnis des Bösen durchdringen und Gott zu rechtfertigen vermögen?

Gott lehnte doch die ähnlich lautenden Spekulationen der frommen Freunde Ijobs ab. Ijobs Freunde konnten ihre frommen Vorstellungen von Gott mit dem Faktum des Leids eines Unschuldigen nicht versöhnen und dachten sich ständig raffiniertere theologische Antworten aus. Sie moralisierten den armen Ijob, verdächtigten ihn geheimer Sünden, für die er das Leid verdiene, nur um ihr Bild von Gott bewahren zu können.

Ijob bestand jedoch auf der Wahrheit seiner Erfahrung, seiner Unschuld – und fordert Gott zum Gericht. Und als der Herr endlich in dieses Drama eintritt, mahnt er zunächst seine frommen Anwälte: Ich bestrafe euch nur deshalb nicht, weil sich mein Diener Ijob für euch einsetzt. Als Einziger hat er über mich richtig gesprochen! Und dann gibt der Herr seinem leidenden Diener Ijob auf seine Frage nach dem Sinn des Leids die merkwürdige Antwort: Er zeigt ihm die Unbegreiflichkeit der Welt, in der es so viele absurde Sachen gibt – die zumindest für unsere menschliche Vernunft absurd

Zur Betrachtung für den Karfreitag

erscheinen. Wie schon ein weiser Rabbiner schrieb: Wie das Gehirn eines Hundes nicht fähig ist, mathematische Aufgaben zu verstehen, ist unser menschliches Gehirn nicht fähig, den Sinn des Leids zu verstehen. Der heilige Paulus spricht im Zusammenhang mit dem Bösen über das Geheimnis der Bosheit, der Finsternis (*mysterium iniquitatis*). Der große katholische Schriftsteller Chesterton interpretiert die Antwort des Herrn mit den Worten Ijobs: Versuch mal die Welt zu lenken, wenn du denkst, dass du sie verstehst![18]

Wir können und müssen auch nicht gleich Antworten auf alle Fragen haben. Der wahre Glaube ist geduldig, er weiß – um wieder den heiligen Paulus zu zitieren –, dass wir auf dieser Welt und in diesem Leben das Wesentliche wie »in einem Spiegel alles rätselhaft« sehen (vgl. 1 Kor 13,12). Ein japanischer Jesuit[19] hat mir das Christentum – einschließlich des österlichen Dramas des Kreuzes und der Auferstehung – auf eine ganz neue Art eröffnet (und damit vielleicht meinen Glauben in der Zeit einer Krise gerettet): Es sind *Koans*, Rätsel, Anregungen zur Meditation. Die Botschaft der Bibel wirst du nie begreifen, wenn du dich um sie mit den Mitteln jener Logik bemühen wirst, die die westliche Theologie von den heidnischen Griechen gelernt hatte. Die paradoxen Aussagen der Bibel wirst du nicht begreifen, nur verstümmeln, wenn du dich bemühen wirst, sie in die frommen und logisch wirkenden Syllogismen der klassischen Metaphysik einzuzwängen. Auf dem Weg in die Tiefe des Geheimnisses wird dir das Licht der westlichen Rationalität nicht helfen.

Gott lässt seinen Sohn die finstere Nacht des Glaubens durchgehen. »Mein Gott, mein Gott, warum hast du mich verlassen?« Chesterton empfahl Christus als »Gott für die

Atheisten«: Wenn sich Atheisten eine Religion auswählen müssten, sollten sie das Christentum wählen, denn *in ihm schien für einen Augenblick Gott Atheist zu sein.*[20] Sein Glaube wurde »gekreuzigt« und vom Erleben der unendlichen Gottesferne durchstoßen. »Mein Gott, mein Gott, warum hast du mich verlassen?« Der Ausruf Jesu wirkt auf den ersten Blick wie ein Ausdruck von Verzweiflung. Jesus spricht jedoch diese Grenzerfahrung in der Form einer *Frage* aus – »*Warum* hast du mich verlassen?«. Er hört nicht auf zu fragen, *er bricht den Dialog* mit dem Vater auch dann nicht *ab*, als er in diesem Moment der Agonie, menschlich gesehen, keine Antwort mehr erwarten kann.

Jesus spürt die völlige Verlassenheit von Gott, aber *trotzdem* schreit er in diese Finsternis seine *Frage*. Dieser Augenblick des Kreuzes (und des Kreuzes seines Glaubens, wenn wir das so ausdrücken dürfen) offenbart etwas Wesentliches über den Charakter des *christlichen* Glaubens überhaupt: Der authentische Glaube der Jünger Jesu besitzt den Charakter des »Trotzdem« und des »Dennoch«; es ist ein verwundeter, durchstoßener und trotzdem *ständig fragender* und suchender, gekreuzigter und auferstandener (also ein wahrhaft österlicher) Glaube.

»Mein Gott, mein Gott, warum hast du mich verlassen?« Das Hebräische kennt zwei Worte für »warum«: *madua* (die Frage nach der Ursache) und *lamá* (die Frage nach dem Sinn, nach dem Zweck). Und das Wort, das hier offensichtlich erklang, *lamá*, bedeutet: wozu? Mit welchem Zweck? Was hat das alles für einen Sinn?

Denken wir daran, dass die schmerzhafte Frage Jesu eine Anrede Gottes ist – es ist also ein *Gebet*. Auch wir können unseren Fragen die Gestalt eines Gebets geben – und unseren Gebeten die Gestalt von Fragen. Der Ausruf Jesu am Kreuz ist ein Zitat des 22. Psalms, der mit dem Lob Gottes endet. Ja, auch die Frage Jesu, die an Gott adressiert ist, bekommt mit dem österlichen Morgen eine Antwort von Gott. Aber zunächst muss sie die Nacht durchgehen. Warum ist das so? Das ist eine der Fragen, die jene Geduld abverlangt, die Hoffnung genannt wird.

Amen.[21]

Das weibliche Antlitz von Ostern
Zur Betrachtung für den Karsamstag

Es waren dort auch viele Frauen, die von fern zusahen; sie waren Jesus von Galiläa her nachgefolgt und hatten ihm gedient. Unter ihnen waren Maria aus Magdala, Maria, die Mutter des Jakobus und des Josef, und die Mutter der Zebedäussöhne.
Mt 27,55 f.

Meine Lieben,

im Stundengebet wird am Karsamstag eine uralte Homilie gelesen. Ich freue mich das ganze Jahr auf sie. Sie beginnt mit dem Satz: *Hodie silentium magnum in terra* – heute ist eine große Stille auf der ganzen Erde.

Nicht nur in diesem Jahr, sondern von jeher ist in der christlichen Tradition der Karsamstag ein Tag der Stille und der Andacht. Es finden keine Messen statt, in den Gedanken der Gläubigen hallt das Drama der Passion nach und gleichzeitig bereiten sie sich auf die Feier von Ostern vor. Die offenen und leeren Tabernakel der katholischen Kirchen am Karsamstag erinnern an zwei tief miteinander verbundene Symbole – an das entblößte Zentralheiligtum des Tempels von Jerusalem und an das Herz Jesu, das durch die Lanze des römischen Hauptmanns geöffnet wurde. Ich möchte an diesem Tag auf einige Gedanken zurückkommen, denen ich mich schon vor Jahren in meinem Buch *Berühre die Wunden* gewidmet habe. Ich möchte mit Ihnen über die Aufgabe der Frauen in der Ostergeschichte nachdenken.

Als der Auferstandene zu den Jüngern kam, die noch von Angst, Trauer und Enttäuschung bedrückt und niedergeschlagen vom Schatten des Kreuzes und dem eigenen Versagen waren, also zu den *Männern*, die ihn feige verlassen hatten und geflohen waren, sprach er sie zunächst mit der Sprache seiner Wunden an. Aber was war mit den *Frauen*? Die hatten ihn nicht verlassen, sie flohen nicht, sie begleiteten ihn auf dem Kreuzweg und harrten unter dem Kreuz bis zum letzten Moment aus – und sie waren es auch, die als Erste das leere Grab entdeckten, den geöffneten Schoß des Geheimnisses des Ostermorgens.

Das Evangelium verzeichnet die Namen einiger von ihnen, mittelalterliche Osterspiele sprechen von den drei Marien, und eine Unzahl von Bildern und Statuen, die viele Jahrhunderte lang die Kreuzigung darstellten, zeigen vor allem zwei: die jungfräuliche Mutter sowie die ehemalige Prostituierte aus Magdala, »aus der sieben Dämonen ausgefahren waren« (Lk 8,2), die Frau, die Jesus unendlich liebte und seinem Herzen sehr nahe war. Die Evangelien, am deutlichsten das Evangelium des Johannes, bekennen, dass Maria Magdalena zur »Apostelin der Apostel« wurde und die erste Erscheinung des Auferstandenen gerade ihr galt. Jesus erlaubt ihr nach der Auferstehung aber nicht, ihn zu berühren. Jenes eindringliche: »Berühre mich nicht« (vgl. Joh 20,17), mit dem er sich bei der Begegnung mit Maria Magdalena ihrer Umarmung erwehrte, bildet einen auffallenden Kontrast zur Aufforderung an Thomas: »Reiche deinen Finger her und sieh meine Hände an und reiche deine Hand her und lege sie in meine

Zur Betrachtung für den Karsamstag

Seite!« (Joh 20,27). Wir erfahren jedoch nichts darüber, ob Thomas die Wunden Jesu danach wirklich berührte. Vielleicht soll damit gesagt werden, dass wir nun Jesus nur mit unserem Glauben berühren können. Sogar die leidenschaftlichste Liebe und Sehnsucht muss in dieser Welt, ähnlich wie der Schoß Maria Magdalenas, immer gemahnt werden, dass sie *durch die Berührung* nicht ganz den Schleier des Geheimnisses herunterreißen darf, um ihn als Besitzgegenstand zu behalten. Welcher Typ des Glaubens kann in uns den Raum für den Auferstandenen eröffnen? Der Glaube ist ein Geschenk der Gnade Gottes, lesen wir in den Katechismen. Aber auch unser Glaube bleibt gleichzeitig unser menschlicher Akt, ein *pilgernder* Glaube, der sich während der Zeit unseres Pilgerns in dieser Welt und in diesem Leib nie ganz aus dem Helldunkel des Zweifels freimachen kann, sich nie vollständig aus den Beschränkungen unserer Vernunft, Sprache, Erfahrung und Vorstellungen befreien kann. Sofern der Glaube lebendig ist, wird er immer wieder verwundet werden, Krisen ausgesetzt sein, ja, manchmal auch »getötet« werden. Es gibt Momente, da unser Glaube (oder, freundlich gesagt, seine bisherige Gestalt) abstirbt – um wieder auferweckt und verwandelt werden zu können. Ja, nur der *verwundete Glaube*, an dem die »Narben der Nägel« ersichtlich sind, ist glaubwürdig, nur er kann heilen. Ich befürchte, dass ein Glaube, der nicht die Nacht des Kreuzes durchschritten hat und nicht ins Herz getroffen wurde, diese Macht nicht hat. Ein Glaube, der nie *blind wurde*, der die Finsternis nicht erlebte, kann kaum denen helfen, die nicht sahen und die nicht sehen. Die Religion der »Sehenden«, die pharisäische, sündhaft selbstsichere, *unverwundete* Religion gibt statt des

Brotes einen Stein, statt des Glaubens eine Ideologie, statt des Zeugnisses eine Theorie, statt der Hilfe eine Belehrung, statt der Barmherzigkeit der Liebe nur Befehle und Verbote.

Kommen wir jedoch zum *weiblichen Antlitz von Ostern* zurück. Eine Frau wird in den Evangelien nicht genannt. Die Legenden und die tiefe Intuition der Volksfrömmigkeit kennen sie jedoch sehr gut: Diese geben ihr einen Namen und widmen ihr sogar eine der vierzehn Stationen des Kreuzwegs. Veronika, die Frau, die Jesus ihren Schleier reichte, damit er den blutigen Schweiß aus den Wunden seines Gesichts abwischen kann, bekam für alle Zeiten ein Andenken, das sich bewundernswert tief in die Geschichte des christlichen Vorstellungsvermögens sowie in die christliche Kunst eingeprägt hat: Jesus drückte das Bild seines Antlitzes in den Schleier Veronikas wie ein Siegel. Unzählige Legenden werden weitere Schicksale dieser Darstellung schildern und das »nicht von menschlicher Hand geschaffene Bild« wird nicht nur auf der ganzen Welt ausgestellt, aufbewahrt, kopiert und verehrt, sondern es wird zu einem bedeutenden Element der Theologie der christlichen Kunst. Eine Ikone ist – im Gegensatz zum Götzenbild, das ein von menschlichen Händen und aufgrund menschlicher Fantasie geschaffener Gott ist, also eine Projektion der menschlichen Wünsche – »ein Fenster«, das die Welt und die Materie zu den Dingen hin öffnet, die das menschliche Auge nicht erblickt und an denen es sich auf dieser Welt noch nicht völlig sattsehen kann. Sie ist ein Spalt in den verschlossenen Türen des Geheimnisses, sie ist ein Ort, aus dem genügend Licht herausströmt, dass unsere Welt als Schleier seines Antlitzes gesehen werden kann. Sein

Zur Betrachtung für den Karsamstag

Lächeln muntert uns hinreichend auf, auch auf dem Weg durch das Tal der längsten Schatten.

Allerdings ist die Welt für Christen kein »Schleier der Maya«, sie ist nicht nur eine Illusion. Die Welt, die Materie, der Körper sind die *gute Schöpfung Gottes*. In diese Welt wurde für alle Zeiten das *Antlitz Christi* eingeprägt – sein Siegel erhält allerdings nur der, der den Schleier des Mitleids und der Barmherzigkeit für die ausbreitet, die das Kreuz tragen. Die wahre Gestalt Jesu (*vera ikon*) werden nur Veronika und diejenigen sehen, die ihr folgen werden. Dort, wo die *passio* (das Leid) die *compassio* (das Mitleid) findet, dort prägt der, der in die Tiefen des Leids einging, dem Mitleid das Siegel der Echtheit ein, er unterschreibt es sozusagen mit seinem Blut.

Das Antlitz Jesu kann man nicht in den Marmor harter Herzen einmeißeln. Wir finden es nur bei den *Barmherzigen*, bei denen, »die ein reines Herz haben, denn sie werden Gott schauen« (Mt 5,8) und »Barmherzigkeit erlangen« (Mt 5,7). Die Barmherzigen nehmen auf eine doppelte Art das endgültige Ruhen im Glanze des göttlichen Antlitzes vorweg: Sie schauen das Antlitz Christi in denen, die leiden, und verkünden es der Welt dadurch, dass sie den Leidenden Anteilnahme, Liebe und Hilfe erweisen.

Von unzähligen Heiligen, kanonisierten und nicht kanonisierten, wird überliefert, dass sie am Körper Stigmata getragen haben, sichtbare Zeichen der Wunden Christi. Veronika ist die Erste derer, die den Abdruck der Wunden Christi, seines verwundeten und von der Bosheit aller Zeiten geschlagenen Antlitzes, *in ihrem Inneren bewahren*, denn »sie haben den Schleier von ihrem Herzen abgenommen« (vgl. 2 Kor 3,15 f.) und ihn den Leidenden gereicht.

Noch an eine weitere Meditation sei erinnert, wenn wir die *weibliche* Seite von Ostern betrachten. Noch ein weiteres Bild weist einen tiefen Zusammenhang auf mit jener Zeit der Stille zwischen dem Nachmittag des Karfreitags und dem Ostermorgen: *die Pietà*, die vorletzte Station des Kreuzwegs und das Sujet unzähliger Werke der bildenden Kunst (von den emotional innigen, wenig kunstfertigen Werken der Volksschnitzer bis hin zur engelhaft erhabenen, wenn auch etwas marmorhaft kühlen Schönheit der Pietà Michelangelos am Eingang des Petersdoms) – die Mutter mit dem toten Körper ihres Sohnes auf dem Schoß. Vor diesen Darstellungen kann ich mich oft nicht erwehren, ihre »Schwingungen« wahrzunehmen, wenn ich bedenke, womit dieses Bildnis »gesättigt« ist: Wie viele Mütter haben wohl – vor allem in den Kriegen des vergangenen Jahrtausends – vor ihm gekniet, ihren Schmerz in diese Szene hineingelegt und in ihr die Kraft gesucht, ihr eigenes Schicksal anzunehmen? *In gremio matris sedet sapientia Patris*, im Schoß der Mutter ruht die Weisheit des Vaters – dieser Satz begleitet viele mittelalterliche Bildnisse der Madonna mit dem Kindlein im Schoß. Maria wird von den Mystikern als die *sapientia* wahrgenommen, als das Symbol jener geheimnisvollen Weisheit, die nach den deuterokanonischen Büchern des Alten Testaments Gott bei seinem Schöpfungswerk begleitete, die »vor ihm spielte« (vgl. Spr 8,30). Diese Vorstellung der Mutter und des Sohnes hat jedoch nicht nur einen weihnachtlichen, sondern auch einen österlichen Sinn. Bevor der Körper des Sohnes im Schoß der Erde beigesetzt wird, ruht er für einen Moment im Schoße der Mutter. Die Kommentare der Mystiker zum Geheimnis des Karsamstags erwägen, was sich »in den Tiefen der Erde«,

Zur Betrachtung für den Karsamstag

in der Hölle abspielt, in die der Heiland durch sein Leiden hinabgestiegen ist und wo sein Kreuz zu jener Waffe wurde, die die Tore der Finsternis durchbricht. Was spielt sich jedoch in diesem Moment in den Tiefen des Mutterherzens ab, in der Hölle ihrer Schmerzen? Das österliche Leid der Mutter schildert der eindrucksvolle lateinische Hymnus *Stabat mater*, der eine Unzahl brillanter Werke der Musik inspiriert hat.

Aber wenn man sich diese Werke anhört, kann man sich der Frage nicht erwehren: Handelt es sich hier nicht um *eine Ästhetisierung des Leids*? Ist das nicht eine der Weisen, mit denen wir die Spitze des Schmerzes durch Schönheit stumpf machen wollen? Sind wir nicht dem Geheimnis *der Pietà*, der vorletzten Station des Kreuzweges, näher an den Orten, durch die der Kreuzweg der Geschichte führt, der Weg der Leidenden von gestern und heute; dort, wo das Antlitz der Erde wirklich von Blut getränkt ist wie der Schoß Marias unter dem Kreuz?

Ich dachte daran in der Grabeskirche von Jerusalem, wo die Stellen des Todes und der Auferstehung Jesu gezeigt werden – jenem Tempel, den diejenigen, die das »Gottesgrab aus den Händen der Ungläubigen befreien« wollten, bis zum Zaumzeug ihrer Pferde mit Blut füllten.

Ich dachte daran in Hiroshima, an jenem frühen Sommermorgen – der zugleich der Festtag der Verklärung des Herrn in der strahlenden Wolke auf dem Berg Tabor ist –, als wir dort mit den Gläubigen von sieben Religionen des Tages gedachten, als die Todeswolke der Explosion der Atombombe diese Stadt verhüllte.

Ich dachte daran in Auschwitz, in der Zelle von Maximilian Kolbe, in den Räumen der Hinrichtungsstätte und der

Gaskammern und in der Kapelle der Karmelitinnen, in der ein immerwährendes Versöhnungsgebet stattfindet, Buße und Bitten für den Frieden und die Heilung der Welt.

Ich dachte daran am Ground Zero in Manhattan, wo von den stolz aufgerichteten Fingern der Wolkenkratzer nur eine klaffende Wunde im Erdboden blieb und wir unsere Hände zur Bitte und zum Schwur falteten. Ich denke daran auch jetzt, wenn aus allen Kontinenten Berichte über eine wachsende Anzahl von Opfern der heimtückischen Krankheit kommen. Wie viele Narben und wie viele noch ungeheilte Wunden, von denen niemand weiß und zu denen niemand kommt, um andächtig vor ihnen stehen zu bleiben, trägt das Antlitz der »Mutter Erde«?

Viele von ihnen sind solcher Art, dass wir sie weder verhindern noch ihnen standhalten können, sie kommen aus Bereichen, die wirklich außerhalb unserer Regie, außerhalb der Reichweite unserer Hilfsmöglichkeiten liegen. Manchmal wissen wir nicht von ihnen, wir sehen sie nicht oder wollen sie nicht sehen; ein andermal sind die Seiten der Zeitungen und die Fernsehbildschirme von ihnen so übersättigt, dass wir sie nicht mehr wahrnehmen können.

Das Böse siegt über uns nicht nur dann, wenn wir seine Methoden übernehmen, sondern auch dann, wenn wir uns daran gewöhnen. Unsere Empfindsamkeit gegenüber dem Leid der anderen hört oft nach einiger Zeit auf, sofern dieses Leid uns nicht unmittelbar betrifft. Zu den gefährlichsten Versuchungen unserer Zeit gehören die Abgestumpftheit und die Gleichgültigkeit aufgrund der Übersättigung durch die Flut an Informationen. Eine häufig wiederholte Erscheinung ver-

Zur Betrachtung für den Karsamstag

liert dann in den Augen der Öffentlichkeit das menschliche Antlitz, sie verfällt in eine anonyme Uniformität der Statistik. Ich befürchte, dass dies auch jetzt geschehen wird, wenn wir bereits seit Wochen täglich Berichte über die Opfer der Pandemie verfolgen: Menschen und ihre Schicksale verwandeln sich in Zahlen.

Jemand muss wie Maria wachen, jemand muss diese Schmerzen »in seinen Schoß nehmen«, jemand muss verhindern, dass sie in Vergessenheit geraten, jemand muss sie in seinem Herzen bewahren, auch wenn er sie nicht versteht –, jemand muss sie im Schoße und im Herzen des Schattens des Kalvarienbergs bis zur Dämmerung des Ostermorgens hinübertragen.

In einer jüdischen Legende schickt der Rabbi seine Schüler zu den Verwundeten und Aussätzigen vor die Tore Jerusalems, damit sie dort den verborgenen Messias finden, der darauf wartet, dass er erkannt wird. Das Zeichen, an dem sie ihn erkennen sollen, ist dieses: Alle anderen umwickeln ihre eigenen Wunden, nur ein Einziger umwickelt zuerst die Wunden der anderen. Das ist er, das ist der Messias.

Vielleicht liegt auch auf unseren Herzen – auch wenn wir eifrig »Herr, Herr« zu ihm sagen, auch wenn an den Wänden unserer Wohnungen seine heiligen Bilder hängen – jener Schleier. *Wir werden ihn nicht erkennen*, solange wir ihn wie Veronika nicht abnehmen, nicht vor die Stadtmauern hinausgehen und auf den Verbandsplätzen der aussätzigen Welt wahrhaft zu seinen Schülern werden. Diese Verbandsplätze der Welt liegen heute nicht in exotischer Ferne, auf fernen Kampfplätzen, die momentan von den Fernsehkameras beleuchtet werden. Besonders in dieser Zeit sind sie überall um uns herum. Der Schmerz ist nah, in greifbarer Nähe, man kann ihn berühren – und in ihm Christus in seiner dringlichen Unmittelbarkeit begegnen: »Was immer ihr einem dieser meiner geringsten Brüder getan habt, das habt ihr mir getan« (Mt 25,40).

Der Sieg über den Tod

Predigt für die Osternacht, die Nacht der Auferstehung

Ich bin die Auferstehung und das Leben.
Joh 11,25

Meine Lieben,

in der Schilderung von zwei der vier Evangelisten endet das Leben Jesu in dieser Welt mit dem Ausruf: »Mein Gott, mein Gott, warum hast du mich verlassen?« (Mt 27,46; Mk 15,34).

Wir haben gesehen, dass dieses Zitat aus dem 22. Psalm im Mund Jesu kein Ausdruck von Verzweiflung ist. Es ist eine Frage in der Form eines Gebets. Jesus ruft auch in der Hölle von Leid und Verlassenheit zu Gott und hört nicht auf zu fragen. Sein »warum« richtet sich nicht nach hinten, sondern nach vorne: Welchen Sinn hat mein Leid und mein Tod? Wird das alles mit dem Felsblock enden, der vor mein Grab gerollt wird?

Die Geschehnisse des Ostermorgens begreift der christliche Glaube als Antwort des Vaters auf jene Frage am Kreuz. Der Stein ist weggewälzt, das Grab ist leer. Das leere Grab ruft viele mögliche Deutungen hervor. Die Evangelien zeichnen die Deutung der Feinde Jesu auf: Die Jünger haben seinen Körper gestohlen. Der Glaube gibt uns eine andere Antwort: »Was sucht ihr den Lebenden bei den

Toten? Er ist nicht hier, sondern er ist auferweckt worden« (Lk 24,5 f.).

Sollen wir Jesus nicht dort suchen, wo ihn die weltliche Geschichte einreiht, in der Galerie der großen verstorbenen Gründer von Religionen oder Morallehren längst vergangener Zeiten? Das Osterevangelium sagt uns mit dem Mund der Engel: *Er ist auferstanden, er lebt!*

Bemühen wir uns, dieses zentrale Geheimnis des christlichen Glaubens in seiner ganzen Tiefe anzunehmen. Zunächst müssen wir uns eingestehen, dass wir *nicht wissen*, was die Auferstehung bedeutet, von der das Neue Testament spricht. Das Wort selbst ist eine Metapher: So wie wir das Erwachen eines Menschen aus einem Ohnmachtsanfall kennen, kennen wir das Erwachen aus dem Schlaf, kennen wir Fälle von Wiederbelebungen, Fälle von der Rückkehr aus dem sogenannten klinischen Tod, der jedoch kein wirklicher Tod ist. *Wir wissen aber nicht*, was der Sieg über den Tod bedeutet, von dem die Evangelien sprechen. Der Tod ist eine radikalere Wirklichkeit als der Schlaf oder ein Ohnmachtsanfall.

Wir wissen, was die Auferstehung Jesu nicht ist. Die Auferstehung ist nicht nur ein bildlicher Ausdruck dessen, dass die Gedanken Jesu lebendig (also »ewig aktuell«) seien – das wäre wirklich wenig. Die Christen können über Jesus nicht in der Art sprechen, wie die Kommunisten über Lenin gesprochen haben. Die Auferstehung ist auch nicht – wiederholen wir das noch einmal für uns – etwas in der Art einer Reanimation, es geht nicht um die Wiederbelebung einer Leiche oder die Rückkehr eines Toten in diese Welt und in dieses Leben, das wieder mit dem Tod zu Ende gehen wird. Der heilige Paulus sagt das klar: »Wir wissen ja, dass Christus, von den Toten auferweckt, nicht mehr stirbt; der Tod hat keine Gewalt über ihn« (Röm 6,9). Jesus kommt nicht zurück, sondern er zeigt nach vorne. Auch die Stimme, welche die Aufmerksamkeit der Jünger vom leeren Grab abwendet, lädt zu einem Weg ein: »Er geht euch voraus nach Galiläa. Dort werdet ihr ihn sehen« (Mk 16,7). Wir haben uns an der Schwelle zu Ostern die grundsätzliche Frage gestellt: *Wo ist das Galiläa von heute, wo können wir dem lebendigen Christus begegnen?*

Wir glauben und bekennen, dass er lebendig ist, dass er wirklich auferstanden ist. Er ist gewiss in den Raum des Glaubens seiner Kirche hinein auferstanden. Es war nicht der Glaube der Jünger, der Jesus zum Leben auferweckte. Im Gegenteil – er hat durch seinen Sieg über den Tod den gekreuzigten Glauben seiner Jünger auferweckt. Und immer wieder belebt er ihn durch seine Gegenwart, durch seinen Geist – wie er das seinen Jüngern beim letzten Abendmahl versprochen hat. Sein Geist führt uns stets in die Fülle der Wahrheit, auch der Wahrheit über die Auferstehung.

»Weil ich lebe und auch ihr leben werdet« (Joh 14,19), sagt Jesus. Erst er führt uns in ein wirkliches, volles Leben: »Ich bin gekommen, damit sie [die Schafe] Leben haben und es in Fülle haben« (Joh 10,10). Jesus befreit uns davon, was unser Leben in Fesseln legt und zerstört: unsere Angst, unser Egoismus, unsere Schuld – und schließlich auch unser Tod. Er zeigt uns, dass der Tod auch über uns nicht die absolute Macht haben wird, wie er auch in Jesu Geschichte nicht das letzte Wort hatte. Das »ewige Leben« – also das »Leben in Fülle« beginnt nicht erst nach unserem Tod. Es beginnt damit, dass wir Jesus durch die Tür des Glaubens in den Raum unseres Lebens eintreten lassen – und dann brauchen wir wirklich vor nichts mehr Angst haben, auch nicht vor dem Tod. Dann können wir mit Paulus sagen: »Nicht mehr ich lebe, sondern Christus lebt in mir« (Gal 2,20).

Jenes *Galiläa, wo wir dem lebendigen Christus begegnen*, müssen wir zunächst suchen, indem wir von der äußerlichen Art des Lebens uns nach innen wenden. Das ist jene *Suche Gottes im eigenen Herzen*, von der der heilige Augustinus und die Mystiker aller Jahrhunderte sprechen. Das Herz bedeutet hier nicht den Sitz des Gefühls, sondern die Tiefe des Lebens – den Gegensatz zur Oberflächlichkeit.

Die Suche nach Gott, die Suche nach dem lebendigen Christus ist jedoch nicht nur eine Privatangelegenheit, sie geschieht nicht nur in irgendeinem privaten frommen Garten, der mit einem Zaun von der Außenwelt abgetrennt wäre. Gott ist selbst Beziehung, wie die Lehre von der göttlichen Dreifaltigkeit besagt – er ist Gemeinschaft. *Gott zeigt sich in der Liebe, er geschieht in Beziehungen*. Erinnern wir uns an die österliche Antiphon: Wo die Güte und die Liebe wohnt, dort nur wohnt der Herr. Dort geschieht Gott.

Wir haben gesehen, dass Christus in den Raum des Glaubens seiner Kirche hinein auferstanden ist: »Denn wo zwei oder drei in meinem Namen versammelt sind, da bin ich mitten unter ihnen« (Mt 18,20). Er wird in der Kirche zugegen sein, was so zu verstehen ist: in der Gemeinschaft, in der der Glaube geteilt wird. Er wird auch in der kleinsten gläubigen Gemeinschaft zugegen sein – so, wie er dies den Jüngern auf dem Weg nach Emmaus und am Abendmahlstisch in Emmaus zeigte. Er wird mit denen sein, die auf dem Weg sind. Er wird mit ihnen sein als derjenige, der sie begleitet – manchmal sogar anonym, als unbekannter Fremder, als Pilger unter Pilgern. Er wird mit denen sein, die betrübt sind, wie es die Jünger waren, als sie nach Emmaus unterwegs waren. Er wird mit ihnen als derjenige sein, der ihnen die tiefere Bedeutung der Schrift eröffnet – und sie werden sich erst nachträglich bewusst werden, dass ihnen dabei das Herz brannte. Er wird dort sein, wo sie in seinem Gedenken das Brot brechen werden – dort, wo die Eucharistie gefeiert wird. Er wird in der Liturgie und in den Sakramenten seiner Kirche zugegen sein.

Er wird jedoch auch in den Zeugnissen der Christen zugegen sein, die mit ihrem Leben bezeugen, dass Jesus in ihnen und durch sie lebendig ist. Er wird in den Zeugnissen der Heiligen zugegen sein – und vielleicht am deutlichsten in den Zeugnissen der Märtyrer, die er die Angst vor dem eigenen Tod besiegen ließ, denen er die Gnade gab, die *Liebe* zu zeigen, *die stärker als der Tod ist* (vgl. Hld 8,6).

Er wird jedoch auch – wie er das in seiner Rede über das Jüngste Gericht verriet – verborgen, anonym in seinen geringsten Brüdern und Schwestern zugegen sein, die unsere Hilfe brauchen, in jenen Hungrigen, Dürstenden, Armen und Verfolgten. Wenn wir ihnen nicht dienen und helfen, können wir für alle Ewigkeit an ihm vorbeigehen.

Er wird jedoch nicht nur in den Gläubigen zugegen sein. Er wird auch in jenen »anonymen Christen« jenseits der sichtbaren Grenzen der Kirche zugegen sein; er wird in allen zugegen sein, welche die Wahrheit, die Schönheit, die Liebe und das Gute suchen – und sich nicht mit den billigen Ersatzmitteln zufriedengeben, die auf den Märkten dieser Welt zu finden sind. Er wird in ihrer Sehnsucht und in ihrer Suche zugegen sein. Ja, *jene sich stets verbreitende Welt der Suchenden – das ist vor allem jenes Galiläa von heute, wohin wir uns begeben müssen* – einerseits, um dorthin Christus zu bringen, andererseits, um dort Christus auch zu suchen und zu finden.

Wir Gläubige haben kein Monopol auf Christus. Die Welt der Suchenden wartet nicht auf eine klassische traditionelle Mission, darauf, dass wir alle um uns herum belehren und uns bemühen, sie so bald als möglich zu »bekehren« und sie in die institutionellen und mentalen Grenzen des heutigen kirchlichen Christentums einzuzwängen. Heute geht es um etwas anderes: Unsere bisherigen mentalen Grenzen müssen wir durch einen ehrlichen und aufmerksamen Dialog mit den anderen radikal erweitern.

Ja, wir sind verpflichtet, ihnen verständlich und glaubwürdig das Wertvollste aus dem Schatz des Glaubens anzubieten, für den wir Verantwortung tragen. Aber *auch wir bedürfen der Umkehr*, der Umkehr von einem statischen Christsein zu einem dynamischen *Christwerden*. Ja, auch mithilfe der anderen und in ihnen können wir den lebendigen Christus entdecken.

Den auferstandenen Jesus, der durch die Erfahrung des Todes verändert war, konnten zunächst nicht mal seine Treuesten und Nächsten erkennen. Maria Magdalena hielt ihn für einen Gärtner und der Apostel Thomas musste unbedingt seine Wunden berühren.

Am Karfreitag meditierten wir darüber, dass die Wunden unserer Welt die Wunden Christi sind und als solche ein privilegierter Ort der Anwesenheit Gottes in unserer Welt. Wer diese Schmerzen und Wunden ignoriert, hat kein Recht dazu, wie Thomas auszurufen: »Mein Herr und mein Gott« (Joh 20,28).

Wenn ich vielleicht etwas in die Schatztruhe des zeitgenössischen theologischen Denkens hineingeben durfte, dann ist dies der Gedanke, dass wir das Geheimnis der Auferstehung nicht auf ein Ereignis reduzieren können, das einst vor einer langen Zeit eintrat und endete. Ich glaube, dass wir neben der *creatio continua*, der fortwährenden Schöpfung, über die *resurrectio continua*, einer fortwährenden Auferstehung, sprechen können. Der Sieg Jesu über den Tod setzt sich in der Kirchengeschichte und der Menschheitsgeschichte fort, er fließt durch sie hindurch wie ein unterirdischer Fluss und sprudelt an die Oberfläche in den Ereignissen der belebenden Reformen der Kirche, aber auch in den Geschichten der Umkehr von einzelnen Menschen.

Feiern wir Ostern – das dieses Jahr um viele äußerliche Formen des Feierns ärmer ist – mit dem, was am Feiern der Auferstehung Christi das Innerlichste und das Wichtigste ist: Laden wir den lebendigen Christus ein, dass er durch die Macht, mit der er über die Sünde, über die Angst und über den Tod siegte, unser Leben verändert.

Amen.

Berühre die Wunden

Predigt für den zweiten Sonntag der Osterzeit

> *Dann sagte er zu Thomas: »Reiche deinen Finger her*
> *und sieh meine Hände an und reiche deine Hand her*
> *und lege sie in meine Seite.«*
> Joh 20,27

Meine Lieben,

auf einer meiner Studien- und Vortragsreisen nach Indien machte ich eine Erfahrung, die mir die Botschaft des heutigen Evangeliums vom ungläubigen Thomas auf eine ganz neue, erstaunliche Art und Weise erschloss. Es war ein dermaßen starkes Erlebnis, dass es mein Buch *Berühre die Wunden* inspirierte. Erlauben Sie mir, dass ich daraus heute ein paar Gedanken wiedergebe, die mir besonders in der gegenwärtigen Lage der Welt, die von der Pandemie verletzt ist, mit großer Dringlichkeit wieder in den Sinn kommen.

Noch am Morgen hatte ich bei der Messe in der Kathedrale von Madras, wo seit jeher das Grab des Apostels Thomas verehrt wird, jenen Abschnitt aus dem Evangelium des heiligen Johannes vorgetragen, der auf diesen Sonntag fällt. In jenem Moment habe ich ihn noch so wahrgenommen, wie ich ihn zuvor jedes Mal wahrgenommen hatte und wie er gewöhnlich ausgelegt wird: Jesus hat durch seine Erscheinung den skeptischen Apostel von jedem Zweifel an der Realität seiner Auferstehung befreit; aus dem »ungläubigen Thomas«

wurde mit einem Male der gläubige. Ich ahnte noch nicht, dass mich dieser Text noch ganz anders und tiefer ansprechen würde, bis sich der Tag neigte – und dass er mir sogar das größte Geheimnis des christlichen Glaubens in einem neuen Licht zeigen würde: die Auferstehung Jesu und seine Göttlichkeit. An dem heißen Nachmittag jenes Tages führte mich mein indischer Kollege, katholischer Priester und Professor für Religionswissenschaft an der Universität in Madras, an den Ort, wo der Legende zufolge der Apostel Thomas zu Tode gefoltert wurde. Dann besuchten wir zusammen ein katholisches Waisenhaus, das sich nur wenige Schritte entfernt befindet. Es war ein erschütterndes Erlebnis. In Bettchen, die eher an Geflügelkäfige erinnerten, lagen kleine verlassene Kinder mit Bäuchen, die vor Hunger aufgebläht waren, kleine, mit Haut überzogene Skelette. Von allen Seiten schauten mich ihre fiebrigen Augen an und streckten mir ihre rosafarbenen Handflächen entgegen. Die Luft nahm mir den Atem. Inmitten des Gestanks und des Weinens ging es mir psychisch, physisch und moralisch schlecht. Ich erinnerte mich an die Worte von Iwan Karamasow, der Gott die Eintrittskarte für die Welt zurückgeben wollte, in der Kinder leiden. Aber gerade in dem Moment tauchte in mir aus der Tiefe der Satz auf: »Berühre die Wunden!« Und wieder: »Reiche deinen Finger her und sieh meine Hände an und reiche deine Hand her und lege sie in meine Seite« (Joh 20,27). Auf einmal erschloss sich mir jene Geschichte des Apostels Thomas neu. Weil sich Jesus mit allen Kleinen und Leidenden identifizierte – deshalb sind alle schmerzenden Wunden, das ganze Leid der Welt und der Menschheit die »Wunden Christi«. An Christus zu glauben, »mein Herr und mein Gott« (Joh 20,28) rufen zu dürfen – das kann ich nur dann, wenn ich *diese* seine Wunden berühre, von denen unsere Welt auch heute so voll ist. Ansonsten würde ich nur sinnlos und vergebens »Herr, Herr!« rufen.

Auch wenn wir nicht alle Wunden der Welt heilen können, dürfen wir trotzdem vor ihnen nicht die Augen verschließen und ihnen gleichgültig den Rücken zuwenden, wir müssen sie zumindest *wahrnehmen, berühren,* und uns von ihnen berühren, *ergreifen* lassen. Dort in Madras war es für mich auf einmal offensichtlich: Ich habe nicht das Recht, Gott zu bekennen, wenn ich den Schmerz und das Elend meiner Nächsten nicht ernst nehme. Ein Glaube, der die Augen vor dem menschlichen Leid verschließen möchte, ist nur eine Illusion oder Opium; angesichts solcher Arten von Religion hätten Freud und Marx mit ihrer Kritik recht gehabt!

Jesus kommt zu Thomas und zeigt ihm seine Wunden: Sieh her, das Leid – egal welches Leid – ist nicht einfach weggewischt oder vergessen! Die Wunden bleiben Wunden. Aber derjenige, der »die Krankheiten von uns allen getragen hat« (vgl. Jes 53,4), durchschritt gehorsam auch das Tor der Hölle und des Todes, und er ist hier weiterhin (unbegreiflich) mit uns.

Er zeigte, dass die Liebe alles erträgt, »gewaltige Wasser können die Liebe nicht löschen und auch Ströme schwemmen sie nicht fort«, »stark wie der Tod ist die Liebe« (Hld 8,6 f.) – und sogar stärker als er. Die Liebe erscheint im Licht dieses Ereignisses als ein Wert, den wir nicht dem Bereich des Sentimentalen preisgeben dürfen; sie bedeutet eine Kraft – die einzige Kraft, die den Tod selbst überlebt und mit den durchbohrten Händen seine Tore aufstößt.

Die Auferstehung ist also kein Happy End, sondern eine Einladung und eine Aufforderung: Wir dürfen nicht vor dem Feuer des Leids kapitulieren, auch wenn wir es jetzt nicht löschen können. Wir dürfen uns angesichts des Bösen nicht so verhalten, als sollte ihm das letzte Wort gehören. Haben wir keine Angst, »an die Liebe zu glauben« (1 Joh 4,16) auch dort, wo sie gemäß aller Kriterien der Welt verliert. Haben wir den Mut, gegen »die Weisheit dieser Welt« auf die Torheit des Kreuzes (1 Kor 1,18) zu setzen!

Vielleicht wollte Jesus Thomas, indem er seinen Glauben *durch die Berührung der Wunden* auferweckte, genau das sagen, was sich mir wie vom Blitz getroffen im Waisenhaus in Madras erschloss: Dort, wo *du das menschliche Leid berührst* – und vielleicht nur dort! –, dort erkennst du, dass *ich lebendig bin*, dass »ich es bin«. Du begegnest mir überall dort, wo die Menschen leiden. Weiche mir in keiner dieser Begegnungen aus. Habe keine Angst! Sei nicht ungläubig, sondern glaube!

Gott, der Herr des Alten Bundes, erschien Mose im brennenden Dornbusch; sein eingeborener Sohn, unser Herr und Gott, *erscheint im Feuer des Leids*, im Kreuz – und wir verstehen seine Stimme nur dann, wenn wir unser Kreuz auf uns nehmen und bereit sind, auch die Lasten der anderen zu tragen, nur dann, wenn die Narben der Welt – seine Narben – für uns zu einer Aufforderung werden.

Ich habe damals auch die Aufgabe des Apostels Thomas, des Patrons der Zweifelnden, neu begriffen. »Gläubig« zu sein, bedeutet nicht, für immer die Last der brennenden Fragen abwerfen zu können. Manchmal bedeutet es, das Kreuz der Zweifel auf sich zu nehmen und Ihm auch mit diesem

Kreuz treu zu folgen. Die Kraft des Glaubens besteht nicht in der »Unerschütterlichkeit der Überzeugung«, sondern in der Fähigkeit, auch die Zweifel, die Unklarheiten zu ertragen, *die Last des Geheimnisses* auszuhalten – und dabei die Treue und die Hoffnung zu bewahren.

Ich habe im Stillen angefangen, gewissermaßen eine Apokryphe über den weiteren Weg des Apostels Thomas zu schreiben: Der Glaube, der aus der Berührung der Seite Christi geboren wurde, wurde für ihn nicht zum Gegenstand des »Besitzens«, er hörte für ihn nicht auf, *ein Weg* zu sein. Er hatte weiter die Last seiner Zweifel und seine Versuchung zur Skepsis zu tragen: Zur Glaubenssicherheit gelangt er nur dort, wo er *in der Berührung der Wunden der Welt Gott berührt* – nur dort begegnet er ihm. Dort erlebt er erneut seine Begegnung mit dem Auferstandenen. Das ist seine Berufung. Und gerade dadurch schlägt er für viele, die das Leben im Helldunkel der Zweifel durchschreiten, einen Pfad zu einer ganz spezifischen Selbstoffenbarung Gottes in unserer Welt, zu einer unerwarteten Erfahrung mit Gott.

Der, der *den Herrn sah*, öffnet *denen* das Tor, *die nicht gesehen haben:* Diese können Jesus immer wieder begegnen – in den Wunden der Welt. Wenn jemand Christus nicht in dem traditionellen Umfeld finden kann, das die Kirchen bieten, in ihren Predigten, Gottesdiensten und Katechismen, für den steht immer noch diese andere Möglichkeit offen: *Ihm dort zu begegnen, wo die Menschen leiden.* Sagte doch nicht Jesus: »Was immer ihr einem dieser meiner geringsten Brüder getan habt, das habt ihr mir getan« (Mt 25,40)?

Es wird erzählt, dass der Philosoph Pascal, als die kirchliche Obrigkeit ihm für eine gewisse Zeit verboten hatte, die

Eucharistie zu empfangen – weil sie seine Rechtgläubigkeit anzweifelte –, in seinem Haus begann, einen Armen und Kranken zu pflegen, damit er auf diese Weise wieder »den Leib Christi empfängt«. Könnte das nicht auch heute eine Inspiration für alle sein, welche die momentane Situation hindert, zum Altar zu treten? Könnte dies auch nicht in dieser Zeit des erzwungenen Fastens vom gemeinsamen eucharistischen Mahl eine Inspiration für uns sein?

Angeblich gibt es viele, denen allein die Tatsache, dass das Böse und das Leid in der Welt existieren, den Glauben an Gott raubte. Ich gebe zu, dass ich dieser Versuchung nicht ausgesetzt war. Ich habe es eher umgekehrt begriffen und erlebt: Nur Weniges rief in mir so stark den Durst nach Sinn hervor wie die Absurditäten der Welt, und nur Weniges so stark *den Durst nach Gott* wie die offenen Wunden der Schmerzen, die das Leben mit sich bringen kann. Wenn die Welt vollkommen wäre, wäre sie selbst Gott und *es gäbe in ihr keine Frage* nach Gott. Ein Gott, der sich narzisstisch in dem unbeschädigten Spiegel seiner vollkommenen, völlig harmonischen Welt ohne Widersprüche, Gegensätze und Rätsel anschauen würde, das wäre nicht *mein Gott*, nicht der Gott der Bibel, nicht der Gott meines Glaubens. Die Geschichte, die die Bibel erzählt, ist kein süßes Idyll, sondern ein beunruhigendes Drama; die Welt, von der die Schrift spricht, hat (genauso wie unsere heutige Welt) blutige und schmerzhafte Wunden – und der Gott, den sie bekennt, trägt diese ebenfalls.

Dem christlichen Glauben stellt sich Gott als ein verwundeter Gott vor – weder als der apathische Gott der Stoiker noch als ein Gott, der die Projektion unserer Wünsche oder das Symbol der Machtambitionen eines Menschen oder einer Nation ist. Es ist ein *sym-pathischer* Gott, das heißt ein mit-fühlender, mit-leidender, mit-leidenschaftlicher. Über den heiligen Martin wird erzählt, dass ihm der Satan einmal sogar in der Gestalt Christi erschienen sei. Der Heilige ließ sich jedoch nicht täuschen. »Wo hast du deine Wunden?«, fragte er. Ich glaube nicht an einen Glauben ohne Wunden, an eine Kirche ohne Wunden, an einen Gott ohne Wunden. Nur ein verwundeter Gott kann durch unseren verwundeten Glauben die verwundete Welt heilen.

Amen.

Eine Gemeinschaft von Pilgernden
Predigt für den dritten Sonntag der Osterzeit

Während sie miteinander sprachen und überlegten,
kam Jesus hinzu und ging mit ihnen. Ihre Augen aber
waren gehalten, dass sie ihn nicht erkannten.
Er fragte sie: Was sind das für Reden, die ihr da
auf dem Weg miteinander führt?
Lk 24,15–17

Meine Lieben,

in der Osterzeit sprechen wir vom Ereignis der Auferstehung, das nur langsam und allmählich in das Bewusstsein der Jünger Jesu vordringt. Sie sind noch eingeschlossen in ihrer Angst und auch in ihrer Schuld, im Wissen um ihr Versagen, von dem der traurigste Satz des Neuen Testamentes in der Passionsgeschichte spricht: »Da verließen ihn alle Jünger und flohen« (Mt 26,56).

Jesus geht jedoch durch diese verschlossene Tür der Angst hindurch. Er will nicht – damals nicht und auch nicht heute –, dass sich seine Jünger von Ängsten jeglicher Art beherrschen und manipulieren lassen. Er legitimiert sich mit seinen Wunden. Er zeigt sie den Jüngern und dann dem Thomas. Er zeigt sie auch uns heute, worüber wir am letzten Sonntag gesprochen haben: Auch unsere Welt ist voll von Wunden, und Christus identifiziert sich mit den Verwundeten und den Leidenden.

Christus zeigt uns seine Wunden und damit gibt er uns den Mut, dass auch wir unsere Wunden nicht verbergen müssen – vor den anderen und auch vor uns selbst. Wir alle tragen Wunden. Manchmal handelt es sich dabei um Traumata aus der Kindheit, aus einer fernen Vergangenheit, ein anderes Mal um frische Verletzungen durch Schmerzen, die wir selbst durchmachen oder die uns aus unserer Umwelt bedrängen, die Wunden von nahestehenden oder von fernstehenden Menschen. Wir tragen die Wunden, die wir erlitten haben, aber auch diejenigen, die wir selbst verursachen – die Schuld, an die uns unser Gewissen schmerzhaft erinnert.

Auch unser Glaube trägt häufig Wunden. Manchmal sind es Wunden tiefer Zweifel. Die tiefsten werden in der Regel nicht von intellektuellen Zweifeln verursacht. Solche Glaubensschwierigkeiten können wir durch das Studium, das Gebet, ein geistliches Gespräch oder das Bewusstsein überwinden, dass zu einem lebendigen Glauben auch offene Fragen und eine Konfrontation mit dem Geheimnis gehören. Die tiefsten Wunden der Zweifel im Glauben haben vielmehr einen existenziellen als nur einen intellektuellen Charakter.

Manchmal erleiden wir sie in Augenblicken, wenn uns schmerzhafte, manchmal tragische Lebenserfahrungen aus dem kindlichen Glauben reißen, der der kindlichen Idealisierung der Eltern ähnelt. Stattdessen müssen wir die Realität wahrnehmen, um unsere Eltern lieben zu können, so wie sie sind – wirklich sie selbst zu lieben, und nicht das von uns geschaffene naive Bild von ihnen. Auch die Liebe zwischen Eheleuten basiert auf der Fähigkeit, den anderen so anzunehmen, wie er ist. Wir können ihn nicht ständig danach beurteilen, wie wir uns unseren idealen Partner erträumten

Predigt für den dritten Sonntag der Osterzeit

oder wie wir ihn in der romantischen Phase unseres Verliebtseins erlebten. Die Tiefe der ehelichen Liebe besteht nicht vor allem in der Intensität der Emotionen, sondern vielmehr in den Tugenden der Treue und der Geduld. Übrigens gilt etwas Ähnliches auch für die Treue zur geistlichen Berufung.

In einer ähnlichen Weise kann unsere Beziehung zu Gott weder im Kinderwagen der kindlichen Vorstellungen noch in der anfänglichen Verliebtheit eines Konvertiten verharren. Schon mehrfach haben wir darüber gesprochen, dass uns Jesus mit seinem Wort »Werdet wie die Kinder« zu Spontaneität und Arglosigkeit, zu Offenheit und nicht zu Infantilität, zu Kindischsein auffordert. Es gibt Momente, in denen wir das kindliche Bild Gottes zu den Spielzeugen legen müssen, die wir nicht mehr gebrauchen und für die wir in unserem Zimmer keinen Platz mehr haben.

Bleiben also nur der pubertäre Aufstand gegen Gott oder die Leerheit des Atheismus übrig – oder wird hier endlich ein Raum für einen erwachsenen, reifen Glauben eröffnet, der die unreifen religiösen Illusionen ersetzt? Ja, wir können uns dem Gott öffnen, der anders als früher mit uns ist und sich uns anders zeigt, als wir ihn uns bisher entweder in der Kindheit oder in der anfänglichen Begeisterung der Konvertiten vorstellten, die noch nicht auf die Fragen und Schwierigkeiten stieß, auf die die Katechismen keine Antworten geben.

Die österlichen Geschichten zeigen uns, wie die Jünger Jesu begreifen lernten, dass Jesus *anders* als bisher mit ihnen sein wird. Er wird mit ihnen *auf dem Weg* sein wie mit jenen Jüngern, die nach Emmaus gingen. Er wird mit ihnen sein, wenn sie sich schwierige und komplizierte Fragen stellen – und dann wird er auf die Bibel hinweisen und für sie den tieferen Sinn der Schrift enthüllen. Aber dann wird er ihnen wieder entschwinden – doch es bleibt ihnen die Schrift, und er wird in den Geschichten der Schrift sein.

Er wird mit ihnen am Tisch sein, wenn sie in seinem Gedenken das Brot brechen werden. Aber gerade da entschwand er ihnen in Emmaus aus den Augen: Jenes Brot wird ihnen genügen – sie werden es für alle Zeiten brechen. Er wird dort im eucharistischen Mahl mit ihnen sein – im Brot und im Kelch und in der Gemeinschaft um den Tisch, in der sie Christus und sich selbst gegenseitig empfangen und dadurch zu seinem geheimnisvollen Leib werden, zu seiner Kirche. Die Eucharistiefeier soll die Quelle der Verwandlung ihres Lebens sein – und auch der Beginn der Verwandlung der Welt durch ihr Zeugnis. Die Eucharistiefeier, wenn wir sie ähnlich auffassen wie der große jesuitische Denker Teilhard de Chardin in seinen mystischen Texten, ist die Keimzelle, der zündende Funke des Prozesses der *Christifizierung des Kosmos* – des Durchdrungenwerdens der Welt durch Christus, die schlussendliche Vollendung des Geheimnisses der Inkarnation.

Die ersten Christen unterschieden klar zwischen der Predigt des Evangeliums, die für alle bestimmt ist, und dem eucharistischen Mahl, das sie als *mysterium arcanum* ansahen und das als intimes Geheimnis der Familie der Gläubigen geschützt werden muss. Jahrhundertelang existierte sogar die Weihe für den Dienst des Ostiariers, der den Zutritt in den Raum der eucharistischen Feier nicht nur vor Ungläubigen und nicht Eingeweihten schützte (es ging nicht nur um eine gewisse Sicherheitsmaßnahme in Zeiten der Verfolgung), sondern auch vor Katechumenen bis zum Augenblick ihrer

Predigt für den dritten Sonntag der Osterzeit

Taufe. Ich bin froh, dass Papst Franziskus – in der heutigen Zeit der Massenübertragungen von Messen über die Fernsehbildschirme in die Lehnsessel der anonymen Zuschauer – am Sonntag der göttlichen Barmherzigkeit sagte, dass er sich der Problematik dieses Tuns und der Unvertretbarkeit der persönlichen Anwesenheit am Tisch Christi bewusst ist. Einfältige Aktionen, denen wir in dieser Zeit des Verbots der öffentlichen Gottesdienste begegnen – vom Typ eines anonymen Segnens von Städten mit Monstranzen aus Flugzeugen oder einer spektakulären Fahrt mit der Monstranz auf dem Motorrad durch die Straßen säkularer Städte –, sind eher Ausdruck von Magie als ein gesunder Ausdruck der eucharistischen Verehrung.

Jesus verspricht, dass er mit seinen Jüngern sein wird, wenn sich zwei oder drei in seinem Namen versammeln. Er wird besonders dann mit ihnen sein, wenn sie die Hungernden sättigen, die Nackten bekleiden, die Gefangenen besuchen, die Kranken pflegen und trösten, die Toten begraben werden, wenn sie sich für diejenigen einsetzen, denen Unrecht angetan wird und die verfolgt werden. Er wird dort in den Armen, in den Nackten, in den Kranken und Verfolgten sein, in den Verwundeten am Wegesrand, in denjenigen, die auf die Barmherzigkeit des Samariters warten, *für den sie zum Nächsten werden* (vgl. Lk 10,36 f.). Er wird in den Menschen sein, die von den »Frommen und Gerechten« verachtet und abgelehnt werden, wie er in der angeklagten Sünderin und auch in der fünfmal geschiedenen Samariterin war, weil sich beide mit Glauben und Dankbarkeit seiner heilenden und vergebenden Barmherzigkeit und seinem Verstehen öffneten, die er wirklich darstellt. Er wird in dem neugierigen, jedoch scheuen Zachäus sein, der sich in seinem Versteck in der Baumkrone verbirgt: Er wird in seinem erwartungsvollen Sehnen sein sowie in der Großzügigkeit, mit der er auf den Besuch Jesu in seinem Haus antwortet.

Nur in den Gesetzeslehrern und in den Pharisäern sollten wir ihn nicht suchen: Diese haben ihre Sicherheiten, ihr Gesetz und ihre Gerechtigkeit, ihre Rituale, ihre klaren Vorschriften, ihre Paragrafen, ihre religiösen Gebote und Verbote; diese haben schon ihren Lohn erhalten. Jesus und den Glauben und die Liebe Jesu haben sie jedoch nicht. Jesus zögert nicht, dies klar und deutlich auszusprechen.

Wenn Jesus zu uns kommt, zeigt er uns unsere Wunden. Er sagt uns: Auch du darfst deine Wunden haben. Du brauchst sie nicht mit Masken zu verdecken, mit viel Kosmetik oder einer Rüstung, mit frommen Phrasen. Du darfst deine Schwächen haben, deine Fragen, deine Zweifel, deine Krankheiten und deine Sünden. Papst Franziskus, der große Lehrer der barmherzigen Liebe Christi, der von den Pharisäern der Kirche unserer Zeit gehasst wird, sagt es klar und deutlich: Du darfst Sünden haben. Nur habe kein verdorbenes Herz. Nur habe kein kühles und kein stolzes Herz! Wir sind Sünder, wir alle fallen – aber wir dürfen nicht liegen bleiben.

Ein weiser Rabbi sagte einmal: Du kannst denken, dass du vortrefflich, klug und schön bist, das muss noch nicht einmal Stolz sein; es kann vielleicht auch der Wahrheit entsprechen. Aber denke nie, dass die anderen schlechter sind als du. Vergleiche dich nicht, urteile nicht. Keiner von uns kann in die anderen sehen. Nicht mal in uns selbst können wir allzu gut blicken: Nur Gott sieht ins Herz.

Predigt für den dritten Sonntag der Osterzeit

Im bürgerlichen Kalender ist Ostern bereits zu Ende. Wir Christen dagegen haben fünfzig Tage der Osterzeit. Gehen wir aufmerksam und dankbar auf diesem langen Weg. Die Jünger Jesu wurden ursprünglich die »Menschen des Weges« genannt – bevor sie die Leute in Antiochien »Christen« zu nennen begannen. Und als das Zweite Vatikanische Konzil in den sechziger Jahren des letzten Jahrhunderts ein Bild für die Kirche suchte, das diese am zutreffendsten beschreibt, griff es nach einer Metapher aus dem Alten Testament: das »durch die Geschichte pilgernde Gottesvolk«.

Die Kirche ist *communio viatorum* – eine Weggemeinschaft. Wir sind auf dem Weg, wir sind noch nicht im Ziel. Auch unsere Theologie und unser Glaube sind nur auf dem Weg, nicht am Ziel. Es kann uns nicht alles klar sein. Noch schauen wir nicht das Antlitz Gottes. In unserem Glauben, wenn er lebendig, echt ist, gibt es einen Raum für Fragen, für die Suche und für zahlreiche Zweifel. »Das Fragen ist die Frömmigkeit des Denkens«, behauptete Martin Heidegger.

Unsere Zweifel können nicht ein sündhaftes Hindernis auf dem Weg zu Gott sein, weil sie nicht Ausdruck eines stolzen Zweifels an Gott sind, sondern ein Zweifeln an *unseren eigenen religiösen Vorstellungen*. Sie sind also vielmehr ein Ausdruck der Demut, die uns Gott näher bringt und uns für sein Geheimnis öffnet. Zum Glauben gehört wesentlich die »eschatologische Geduld«, das Ausschauhalten nach dem schlussendlichen Ziel, das sich nicht im Schoß dieser Welt und dieser Zeit, sondern im Schoß Gottes am Ende der Zeit befindet.

Wenn die Kirche ihren pilgernden Charakter verlieren würde, würde sie aufhören, die Kirche Christi zu sein, und würde nur zu einer von vielen irdischen Institutionen werden. Wenn der Glaube und die Theologie ihren pilgernden Charakter verlieren würden, wenn wir aus Wahrheitssuchern zu Wahrheitsbesitzern werden würden – für welche uns manche Christen halten und ausgeben –, würden wir den Glauben mit einer Ideologie, mit einem Götzendienst, also mit dem sündhaften Gegensatz des Glaubens vertauschen.

Wir sind auf dem Weg – und gerade das führt uns auch zur Achtung gegenüber den anderen, die vielleicht auf anderen Wegen zu demselben Ziel hin unterwegs sind, auch wenn sich das erst am Ende zeigt. Es führt uns zu der Sehnsucht, ihnen zu begegnen und mit ihnen Erfahrungen auszutauschen. Ist nicht gerade dies eine der Freuden auf unseren Wegen durch die Welt? Der Weg nach Santiago de Compostela führt auf verschiedenen Routen, die sich dennoch mehrfach überschneiden und so einen Ort der Begegnung bieten. Diese heute so lebendige Form der Spiritualität, welche die Menschen über viele Grenzen hinweg anspricht, ist dafür ein aussagekräftiges Bild.

Ja, häufig haben wir konkrete Destinationen im Sinn, und die sind oft verschieden. Aber es gilt, was uns der heilige Augustinus lehrt: Wenn uns die Liebe und die Sehnsucht auf dem Weg führen, dann leuchtet durch die verschiedenen Etappenziele jenes einzige wirkliche Ziel und der Sinn von allem auf, was ist. Mögen wir uns in der Osterzeit dieses Jahres wenigstens einen Schritt diesem Ziel nähern.

Amen.

Eine offene Tür sein

Predigt für den vierten Sonntag der Osterzeit

> *Ich bin die Tür. Wer durch mich hineingeht,*
> *wird gerettet werden; er wird ein- und ausgehen*
> *und Weide finden.*
> Joh 10,9

Meine Lieben,

der vierte Sonntag der Osterzeit wird der Sonntag vom Guten Hirten genannt. In der katholischen Kirche ist dieser Tag traditionell der Tag, an dem um Priester- und Ordensberufungen gebetet wird. Vielleicht sollte er aber auch ein Tag des Nachdenkens darüber sein, warum sich trotz aller inständigen Gebete die Priesterseminare und Noviziate leeren. Vielleicht erwartet Gott etwas anderes als noch mehr Gebete – vielleicht will er von uns vielmehr ein Nachdenken darüber, ob die bisherige Form des Priester- und Ordensdienstes den Bedürfnissen der Kirche und der Gesellschaft dieser Zeit entspricht. Vielleicht erwartet Gott auch in diesem Punkt von uns den Mut zu einer radikalen und dabei verantwortlichen Reform. Vielleicht sollten wir die Worte Jesu ernst nehmen, dass er die trockenen Zweige, die keine Früchte tragen, abschneidet und die anderen zurückschneidet, damit sie mehr Früchte tragen. Vielleicht ist die Krise der Berufungen Bestandteil eines solchen Zurückschneidens und wir sollen uns gar nicht bemühen, sie einfach »wegzubeten«, sondern eher versuchen zu begreifen, was uns damit Gott sagen will – *und darauf zu antworten*, also unser Nachsinnen, unsere Gebete und Taten auf dieses Ziel auszurichten. Aber das ist kein Thema für eine Predigt, zumindest nicht für die heutige.

Damit ich in diese ernste Zeit auch etwas Fröhliches hineintrage, erlauben Sie mir, dass ich an die vielen lieben Besuche von Kardinal Vlk in unserer Pfarrgemeinde erinnere, die oft mit einer Firmung verbunden waren. Als ich den Herrn Kardinal willkommen hieß, fügte ich hinzu: Nach der Messe wird es eine Gesprächsrunde mit dem Herrn Erzbischof geben. Habt keine Angst, ihn was auch immer zu fragen. Denn ich werde mit dabei sein, weil doch geschrieben steht: Ein guter Hirte verlässt nicht seine Schafe, wenn sich ein Wolf nähert. Der Herr Kardinal, dessen Nachname auf Deutsch übersetzt »Wolf« bedeutet, lachte und erwiderte meine Äußerung schlagfertig und voller Humor.

Ich erinnere mich an ihn besonders in den letzten Jahren oft und gern. Er war ein guter und mutiger Hirte nicht nur in den Zeiten des Kommunismus, sondern auch dann, als Václav Havel auf der Prager Burg von anderen Präsidenten abgelöst wurde. Er ließ sich von ihnen nicht zähmen, er lehnte es ab, mit den Wölfen zu heulen. Er scheute sich nicht, das Böse als Böses zu benennen, auch wenn er manchmal die weltliche Macht gegen sich aufbrachte. Aber auch das ist kein Thema für die heutige Predigt – kommen wir daher auf das Evangelium des heutigen Tages zurück.

Jesus hebt hervor, was einen guten Hirten ausmacht. Ein guter Hirte ist mutig und opferbereit. Ein falscher Hirte, ein bloßer Lohnknecht, denkt vor allem an sich. Deswegen lässt

Predigt für den vierten Sonntag der Osterzeit

er die Schafe im Stich und flieht in Momenten der Bedrohung, die Schafe sind ihm egal.

Ein guter Hirte kennt seine Schafe und liebt sie, deshalb lieben und kennen auch sie ihn. Sie unterscheiden seine Stimme unter allen Stimmen, die zu ihnen sprechen – sie folgen nur ihm, Fremden folgen sie nicht.

Ich begriff dieses Gleichnis zum ersten Mal in Israel, als ich Zeuge davon wurde, wie dort bis heute verschiedene Herden zusammen nächtigen und am Morgen die Hirten kommen und ihre Herde rufen. Wie sich ein Hund am Geruch orientiert, orientieren sich Schafe an der Stimme. Sie folgen ihrem Hirten, weil sie seine Stimme hören.

Bis zu diesem Zeitpunkt wäre es für mich nicht sehr angenehm gewesen, wenn mich jemand mit einem Schaf verglichen hätte. Schafe, Herdentiere sind für uns kein besonders attraktives Vorbild. Aber seit dieser Zeit in Israel bitte ich auch für mich und für diejenigen, für die ich zum Hirten bestimmt wurde, dass wir im Lärm aller Verlockungen, die an uns herandringen, stets die Stimme Christi, die Aufforderungen Gottes und seinen Willen erkennen mögen. Dass wir die guten Hirten von bloßen Lohnknechten unterscheiden können und uns nicht verführen lassen. Und insofern uns die Aufgabe eines Hirten anvertraut wurde, dass wir die Wölfe nicht fürchten und gefährliche Raubtiere auch dann erkennen, wenn sie sich mit einem Schafspelz tarnen.

Falls uns die Aufgabe des Hirten anvertraut wurde, dann müssen wir auch in ausgetrockneten Ebenen die Pfade kennen, die zu den Oasen und den Quellen lebendigen Wassers führen. Die Erneuerung des Glaubens und die Erneuerung der Kirche wird gerade von diesen Oasen ausgehen – von den Schulen der Kontemplation.

Ich bin wirklich dankbar dafür, dass seit Jahren ein Exerzitienhaus mit unserer Pfarrgemeinde verbunden ist, das eine der Quellen ihrer Vitalität darstellt. Es ist ein Ort, wo viele Kraft schöpfen, die Kunst der Kontemplation und die Kultur des geistlichen Lebens lernen. Der übliche Betrieb in den Pfarrgemeinden – das Angebot der Sonntagsmesse – reicht in der heutigen Zeit nicht mehr aus. Ich denke, dass auch das uns diese Zeit der leeren und geschlossenen Kirchen klar und deutlich vor Augen führen sollte.

Dort, wo die Feier der Eucharistie nur mit dem Konsum der Messe auf dem Bildschirm getauscht wurde, zeigte sich meiner Ansicht nach ein tiefes Missverständnis dessen, was christliches Leben ausmacht, wodurch der Glaube wirklich am Leben gehalten wird – und zugleich ein Missverständnis des Sinns der Sakramente, besonders der Eucharistie. Zur Eucharistie gehört die *reale* Anwesenheit – sowohl die reale Anwesenheit Christi im Sakrament als auch die reale Anwesenheit der Gläubigen bei der Feier der Eucharistie. Mithilfe des Fernsehens und anderer heutiger Kommunikationsmittel können wir Daten, Informationen empfangen – ja, auch wichtige Informationen für unser Leben aus dem Glauben. Wir können aber nicht »digital feiern«, gemeinsam zelebrieren.

Wahrscheinlich müssen wir uns eine Frage stellen: Waren wir auch früher in der Kirche bloße Zuschauer, Konsumenten – oder nahmen wir den sonntäglichen Gottesdienst als *communio* wahr, also als eine Gemeinschaft an dem Tisch, an dem wir von Christus empfangen werden und wir Christus empfangen und zusammen mit ihm auch die anderen Mitglieder unserer Gemeinschaft? Diese drei Aspekte der Eucharistie – Jesus empfängt uns, wir empfangen ihn und empfangen die anderen, ja, den Empfang Christi auch in den anderen – dürfen wir nicht voneinander trennen.

Die Vorstellung, dass ich meine sonntägliche Pflicht erledige und mir höchstens die Frage stelle, ob ich nicht so stark gesündigt habe, dass ich noch zur Kommunion gehen darf, ist etwas, was wir aus unseren Köpfen und Herzen radikal und definitiv streichen sollten. Die Eucharistie ist keine Belohnung für ein gutes Verhalten, eine Torte für die Klassenbesten in der Schule Gottes. Sie ist *panis viatorum*, das Brot *für* unterwegs – und wer sich nicht auf den Weg begeben will, wer nur stehen bleiben und zurückschauen will, der soll es nicht essen.

Der Herr hat uns aus den Kirchen hinausgeführt, um uns etwas zu lehren. Der biblische Gott lehrt sein Volk am liebsten in der Wüste. Falls wir diesen Augenblick der Wüste nicht am eigenen Leibe erfuhren, falls wir nur eine äußere und äußerliche Teilnahme an der Eucharistiefeier durch den Konsum virtueller Frömmigkeit ersetzten und danach unverändert in unsere Kirchen zurückkehren werden, wird die Frage auftauchen: Wurde uns diese göttliche Lektion umsonst erteilt?

Vielleicht sollte dieses Fasten von der Eucharistie auch die Gelegenheit dazu bieten, an diejenigen zu denken, denen die bisherige Praxis der Kirche die Teilnahme am Tisch Christi verbot – ich denke an die Menschen in den sogenannten irregulären Situationen, zum Beispiel an diejenigen, deren Ehe schmerzhaft zerbrach und die eine neue Stütze für sich und ihre Kinder in einem neuen Eheband fanden. Erinnern wir uns an das Geschrei der Pharisäer unserer Zeit, als Papst Franziskus nur andeutete, dass wir diesen Menschen vielmehr die barmherzige Liebe Jesu als die kühlen Paragrafen des Gesetzes zeigen sollten!

Und sollte in uns nicht dieses Fasten von der Eucharistie die wirkliche Sehnsucht nach der Gemeinschaft aller Christen am Tisch Jesu erwecken, also auch mit denen, von denen uns mittelalterliche Streitigkeiten über die Definitionen der Eucharistie trennen (die heute nur noch Kirchenhistoriker verstehen), aber mit denen uns ein Christus, eine Taufe, ein Glaube, eine Hoffnung und eine Liebe verbindet?

Und wenn wir schon darüber sprechen, dass diese Zeit eine Aufforderung Gottes zu einer breiteren und tieferen Ökumene ist, als wir sie bisher zu verwirklichen fähig waren, müssen wir noch weiter gehen. (Ich denke etwa an die oftmals rein höflich-formalen Begegnungen einmal pro Jahr in der Gebetswoche für die Einheit der Christen.)

Die Worte Jesu im Evangelium dieses Sonntags – »Niemand kommt zum Vater außer durch mich« (Joh 14,6) – wurden und werden in den Kirchen oft als Totschlagargument gegen diejenigen ausgelegt, die nicht Mitglieder unserer Kirche sind, oder sogar nicht getauft sind: Diese haben keine Chance, zum himmlischen Vater zu gelangen. Wirklich?

»Niemand kommt zum Vater außer durch mich«, sagt Jesus. Aber hier ist es notwendig, sich die grundsätzliche Frage zu stellen: Was alles beinhaltet das »Ich« Jesu? Kennen wir seine Grenzen?

Auf diese Frage antwortet Jesus selbst in der Schilderung des Jüngsten Gerichtes: »Was immer ihr einem dieser Ge-

Predigt für den vierten Sonntag der Osterzeit

ringsten getan habt, habt ihr mir getan.« *Das war ich.* Das Ich Christi ist also nicht auf »Christus dem Leib nach« begrenzt, auf Jesus als das Individuum, das vor zweitausend Jahren in Palästina lebte und starb. Zum »weiteren Ich« Christi gehört sein »geheimnisvoller Leib«, und dieser Ausdruck bezeichnet sicher nicht nur die institutionelle Kirche, sondern auch alle »Geringsten«, mit denen sich Jesus ausdrücklich identifiziert. Das geheimnisvolle Ich Christi ist weder auf die »sichtbare Kirche« noch auf ihre Sakramente beschränkt.

Deus non tenetur sacramentis – Gott wird nicht von Sakramenten gebunden, sagt ein alter theologischer Grundsatz. Die Gnade Gottes wirkt auch ohne sie und außerhalb von ihnen. Sakramente sind Zeichen, ja, Türen, die man durchgeht. Jesus sagt im heutigen Evangelium einen unheimlich wichtigen Satz: »Ich bin die Tür« (Joh 10,7). Die Tür, das ist Offenheit, ein leerer Raum; ein Zugang zu etwas anderem. Jesus ist die Tür zum Vater, er ist das Fenster, durch das wir Gott am Werk sehen, worüber wir am kommenden Sonntag meditieren werden.

Jesus bezog in sein Ich auch seine geringsten Brüder und Schwestern ein – deshalb können wir auch durch sie zu Gott kommen: Und wir tun das durch Christus. Durch Christus, der dort anwesend ist, auch wenn wir ihn nicht benennen und nicht erkennen – wie jene Barmherzigen, die beim Jüngsten Gericht überrascht sein werden. Das warst wirklich du? Wir haben es doch nicht deinetwegen gemacht, wir haben den Bedürftigen einfach deshalb gedient, weil sie unsere Nähe brauchten.

Christus ist die Tür, ein leerer Raum: Er machte sich leer, er entäußerte sich selbst, wie der Apostel Paulus über ihn schrieb (Phil 2,7). Und auch wir können eine Tür sein, durch welche Menschen zu Gott gelangen können werden, wenn wir unserem Ego entsagen.

Amen.

Gott ist ein undurchdringliches Geheimnis

Predigt für den fünften Sonntag der Osterzeit

> *Wer mich gesehen hat, hat den Vater gesehen.*
> *Wie kannst du sagen: Zeig uns den Vater?*
> *Glaubst du nicht, dass ich im Vater bin*
> *und der Vater in mir ist?*
> Joh 14,9 f.

Meine Lieben,

am letzten Sonntag haben wir über die Worte Jesu nachgedacht: »Ich bin die Tür« (Joh 10,9). Wir haben gesagt: Die Tür, das ist die Offenheit, ein leerer Raum, der Durchgang zu etwas anderem. Im heutigen Evangelium sagt Jesus etwas sehr Ähnliches: »Wer mich gesehen hat, hat den Vater gesehen« (Joh 14,9). Jesus ist – wie John A. T. Robinson in den sechziger Jahren des letzten Jahrhunderts schrieb – das Fenster, durch das wir Gott am Werk sehen.[22]

Am Anfang aller theologischen Traktate und aller Überlegungen über Gott sollte groß geschrieben stehen: Gott ist ein undurchdringliches Geheimnis. Die größte Sünde der Geschichte der Theologie und der Verkündigung ist die Vorstellung, dass es einfach sei, über Gott zu sprechen. Diese Leichtsinnigkeit einer billigen Frömmigkeit öffnete den Raum für eine unerschöpfliche Menge naiver, komischer, aber auch gefährlicher, perverser Vorstellungen über Gott. Pathologische Bilder von Gott quälten das Gewissen der Menschen und entfachten grausame Kriege. Karl Rahner, der größte katholische Theologe des 20. Jahrhunderts, sagte wohl einen wichtigen und erleichternden Satz: Gott sei Dank gibt es das, was 60 bis 80 Prozent der Zeitgenossen sich unter Gott vorstellen, nicht.

Wir sollten den atheistischen Kritikern der Religion wie zum Beispiel Feuerbach, Nietzsche, Marx oder Freud sehr dankbar sein, dass sie aufzeigten, dass pathologische Vorstellungen von Gott nur menschliche Projektionen sind. Schade, dass die Mehrheit der Menschen offenbar gerade nur die pathologischen religiösen Vorstellungen und keine anderen kennengelernt hat. Der kritische Atheismus (im Unterschied zum dogmatischen Atheismus) kann auch *ancilla theologiae* sein, kann eine nützliche Helferin unseres Glaubens im Kampf gegen ihren wirklichen Feind sein. Dieser ist nicht der Atheismus, sondern der Götzendienst, die Idolatrie, der Aberglaube. Mancher Atheismus ist nämlich keine Ablehnung Gottes, sondern die Ablehnung einer bestimmten Art von Theismus, von bestimmten menschlichen Vorstellungen von Gott – einschließlich derer, die sich eine Ablehnung zweifellos verdient haben.

C. G. Jung soll an die Adresse jener Theologen gerichtet, die sehr familiär von Gott sprachen, gesagt haben: Sind Sie sich denn nicht bewusst, dass wir aus uns selbst heraus von Gott etwa so viel wissen wie eine Raupe vom Britischen Museum? Ja, auch die ganze »natürliche Theologie« wäre nur ein intellektuelles Glasperlenspiel, wenn wir das vergessen würden, was uns die sogenannte negative Theologie lehrte: Was auch immer wir über Gott sagen, hat nur einen metaphorischen (oder lassen wir uns von der Scholastik sagen: analogen) Charakter; es ist ein Bild, ein Gleichnis. Es ist höchstens ein »Finger«, der auf den Mond zeigt, den wir aber nicht mit dem Mond als solchem verwechseln dürfen.

Der Fundamentalismus, diese Krankheit des Glaubens, das primitive wortwörtliche Begreifen religiöser Aussagen, begreift gerade diesen symbolischen und metaphorischen Charakter der religiösen Sprache nicht. Oft haben wir gesagt: Die Bibel kann man wortwörtlich nehmen – oder ernst. Ernst: Das bedeutet, sich nicht mit einer oberflächlichen und banalen Lektüre zufriedenzugeben, in der wir stets unsere eigenen Vorstellungen in den Text hineinprojizieren, sondern in der Stille der Kontemplation und in der Bemühung eines ernsten Studiums dem Text in seiner Tiefe zuzuhören.

Auch das Erste Vatikanische Konzil zweifelte in keiner Weise die Tiefe des Geheimnisses Gottes, des »göttlichen Lebens«, an, als es gegen den biblischen Fundamentalismus einerseits und gegen eine Gefühlsreligion (»Fideismus«) andererseits als Glaubenswahrheit erklärte, dass es in der Möglichkeit der menschlichen Vernunft liegt, auf dem Weg des Nachdenkens über die Schöpfung zur Überzeugung von der Existenz eines Schöpfers zu gelangen. Bereits das Vierte Laterankonzil im Mittelalter definierte eine andere wichtige Wahrheit des Glaubens: Gott ist seiner Schöpfung *zugleich ähnlich und unähnlich* – die Unähnlichkeit übersteigt aber die Ähnlichkeit um ein Vielfaches.

Erst wenn wir die Erkenntnis in ihrer ganzen Tiefe akzeptieren, dass es für uns unmöglich ist, sowohl zu erkennen, wer Gott an sich ist, als auch, was es bedeutet, dass Gott *ist* (was »sein« im Fall Gottes auch immer bedeuten mag), können wir vielleicht die Größe dessen begreifen, was uns das heutige Evangelium sagt. Auch wenn Gott ein Geheimnis bleibt, eröffnet er uns den Weg zu sich.

Das Menschsein Jesu ist die göttliche Selbstoffenbarung, das Wort, das Gott uns gibt, wodurch er sich mitteilt und teilt, das Wort, das er nie mehr zurücknehmen wird. Das Menschsein Jesu ist die Tür, durch die wir in die Wolke des göttlichen Geheimnisses gelangen. Das Menschsein Jesu ist das Fenster, durch das wir Gott am Werk sehen.

Aber es gibt hier noch eine wesentliche Sache zu bedenken: Wir haben schon am letzten Sonntag gesehen, dass das Menschsein Jesu nicht nur in Richtung Gott, sondern auch in Richtung zu uns Menschen geöffnet ist. Jesus nimmt in sein »Ich« auch viele andere, vor allem seine »geringsten Brüder und Schwestern« auf: »Was immer ihr einem dieser meiner geringsten Brüder getan habt, das habt ihr mit getan« (Mt 25,40). Er nimmt in sein »Ich« auch uns, seine Jünger, auf: So wie wir untereinander eins sein werden, so werden wir auch mit ihm eins sein. Darum hat Jesus beim letzten Abendmahl gebetet: »Alle sollen gegenseitig eins sein, damit ich in ihnen bin, wie Du, Vater, in mir bist, damit ich in ihnen bin« (vgl. Joh 17,21–23).

Ich denke, dass eine große göttliche Lektion, die wir aus der Zeit der Pandemie mitnehmen sollten, die dringliche Aufforderung zur Vertiefung der ökumenischen Bemühungen ist. In unserer Zeit erleben wir – wie Papst Franziskus häufig betont – eine »Ökumene des Blutes«, eine Ökumene des Leids. Sowohl die Wunden der menschengemachten Christenverfolgungen in der Welt als auch das Leid, das von der Pandemie verursacht wird, ist nicht wählerisch, macht nicht halt an den Grenzen zwischen Christen und zwischen den Menschen überhaupt. Auch unsere Liebe, unsere Solidarität, unser Bewusstsein der Zusammengehörigkeit könnten letztendlich die Grenzen umstoßen, die wir im Verlauf der Geschichte zwischen uns aufgebaut haben.

Die Verbreitung ansteckender Krankheiten ist eine der Schattenseiten des unaufhaltsamen Prozesses der Globalisierung, der vielseitigen Vernetzung unserer Welt. Auf diese ansteckenden Krankheiten dürfen wir jedoch nicht mit der Verbreitung noch bösartigerer Ansteckungen antworten: mit Nationalismus, Populismus oder Fundamentalismus, mit dem Bauen von Mauern und mit einem Sich-Abschließen in religiöse, nationale, staatliche oder kulturelle Ghettos. Ich bin davon überzeugt, dass die Aufforderung Gottes dieser Zeit darin besteht, sich um eine Globalisierung des Mitleids und der Solidarität zu bemühen, sich zu bemühen, den unaufhaltsamen Prozess der Globalisierung in einen Prozess der Kommunikation und der Empathie zu verwandeln. Das ist eine riesige und anspruchsvolle Aufgabe.

In diesen Wochen habe ich mich ein weiteres Mal dem Studium von Theologen gewidmet, deren Werk aus den Erfahrungen von Weltkatastrophen entstand, besonders aus den Erfahrungen von Kriegen. Einer von ihnen war der große jesuitische Theologe und Naturwissenschaftler Teilhard de Chardin, der inmitten seines aufopfernden Dienstes an den Verwundeten in den größten Schlachten des Ersten Weltkrieges ein tiefes mystisches Erlebnis erfuhr: Das extreme Leid verbindet die Menschen auf beiden Seiten der Front,[23] das Feuer des Leids verzehrt die Trennwände und schafft eine Einheit, die der Baustein einer künftigen Vereinigung ist – derjenigen Vereinigung, die uns im Punkt Omega der kosmischen Geschichte des Universums, im universalen Christus verheißen wurde.

Teilhard war einer der ersten Propheten der Globalisierung. Er nannte sie Planetarisierung. Er war davon überzeugt, dass der entscheidende Schritt in der Entwicklung des Universums gerade in dieser Phase der kosmischen Geschichte geschieht – diese wird nicht mehr nur von den anonymen Kräften der Entwicklung der Masse getragen, sondern setzt das freie Ja, die Kraft der Liebe voraus. Die Liebe ist nach seinen Worten die einzige Kraft, die vereinigt, ohne zu zerstören. Teilhard war gleichzeitig davon überzeugt, dass gerade die Christen die führenden Träger dieser freien aktiven Bejahung des Vereinigungsprozesses sein sollten. Sie sollen helfen, jenen Zustand vorzubereiten, in dem gemäß der Verheißung der Schrift »Gott alles in allem ist« (1 Kor 15,28).

Heute sehen wir, dass der Globalisierungsprozess ambivalent ist. Er beinhaltet sowohl große Verheißungen des Guten als auch große Gefahren. Die Aufgabe der Kirche, jenes »Feldlazaretts«, wie wir von ihr häufig im Geist von Papst Franziskus sprechen, besteht auch darin, die *Kunst der geistlichen Unterscheidung* zu entwickeln.

Angesichts des Globalisierungsprozesses – und weiterer Züge unserer Welt, die sich vor unseren Augen verwandelt – dürfen wir weder alles unkritisch annehmen noch pauschal verwerfen. Der heilige Ignatius gibt uns einen nützlichen Rat: Verwerft das, was in euch Angst, Beklommenheit, Zorn und Trauer bewirkt, haltet euch an das, was in eure Seele Frieden, Freude, Mut und Freiheit bringt. Denken wir daran besonders in dieser Zeit großer Prüfungen, in der wir mehr denn je jene ignatianische Kunst der geistlichen Unterscheidung brauchen: Hüten wir uns vor falschen apokalyptischen Untergangspropheten, die Angst säen. Schätzen wir diejenigen, die den Glauben, die Liebe und die Hoffnung stärken.

Amen.

Die Verheißung des Beistands

Predigt für den sechsten Sonntag der Osterzeit

*Ich werde den Vater bitten, und er wird euch
einen anderen Beistand geben, der in Ewigkeit
bei euch bleibt, den Geist der Wahrheit.*
Joh 14,16 f.

Meine Lieben,

wir feiern den sechsten Sonntag der Osterzeit. Zu Beginn eine Warnung: Die Betrachtung über die biblischen Texte dieses Sonntags wird großenteils eine »theologische Aufwärmübung« sein, die eher für diejenigen bestimmt ist, denen das Denken Freude macht, als für diejenigen, die sich nach einfachen Antworten sehnen. Ich möchte dieses Hindernis gleich zu Beginn offen und ehrlich benennen.

Die Osterzeit nähert sich ihrem Ende, dem Pfingstfest, das an das Ereignis der Sendung des Geistes an die Apostel erinnert. In den biblischen Texten kommt in dieser Zeit immer häufiger das Motiv des Geistes Gottes zum Vorschein. Die Katechismen nennen ihn die »dritte Person der göttlichen Trinität«. Sie gehen von den Dogmen aus, die Frucht der theologischen Auseinandersetzungen der christlichen Antike sind. Ich fürchte, dass diese Aussagen ohne Kenntnisse über diese Streitigkeiten und ihres philosophischen (aber manchmal auch politischen und kirchenpolitischen) Kontextes für unsere Gedankenwelt sehr fern und wenig verständlich sind. Auch können sie viele Missverständnisse verursachen.

Die Bibel kennt weder den Begriff *Trinität* noch den der *Person*. Den Ausdruck Trinität (*trinitas*) erdachte sich der afrikanische Rechtsanwalt und Theologe Tertullian, der sie an der Wende vom zweiten zum dritten Jahrhundert nach Christus in die christliche Gotteslehre einführte – genauso wie eine Menge anderer grundlegender lateinischer theologischer Termini. Es ist ein künstlich geschaffener Ausdruck, ein Neologismus, der durch die Verbindung der Worte *tres* (drei) und *unitas* (Einheit) entstand.

Auch der Begriff Person (*persona*) ist eine Metapher. Dieses Wort übernahm Tertullian aus dem Theater in Karthago, wo das Wort *persona* die Maske bezeichnete, die sich die Schauspieler aufsetzten, wenn sie in einer Aufführung verschiedene Rollen spielten. (In einer ähnlichen Weise entlehnten auch griechische Theologen ihren Ausdruck für Person – *prósopon* – aus dem griechischen antiken Theater.)

Begriffe haben jedoch ihre Geschichte, und unser zeitgenössisches Verständnis des Begriffes *Person* unterscheidet sich erheblich von dem, was die Theologen der Antike damit meinten. Heute können wir – um diese Missverständnisse zu umgehen – diese Begriffe entweder mit Kommentaren über ihre Entstehungsgeschichte versehen, was für eine Predigt schwer verdaulich ist, oder sie meiden und sich vielmehr auf die Bilder oder die Metaphern konzentrieren, welche die Bibel benutzt, wenn sie von diesen Geheimnissen spricht.

Das Johannesevangelium legt bei der Schilderung des letzten Abendmahls Jesus den Begriff *Paráklētos* in den Mund, den wir mit Tröster, Helfer oder vielleicht besser mit

Predigt für den sechsten Sonntag der Osterzeit

Beistand, Fürsprecher, Anwalt übersetzen können. Auch diese Metapher können wir nur im historischen Kontext begreifen. In der Praxis damaliger Gerichte sitzt zur Linken des Angeklagten der Ankläger (hier also der Teufel oder auch der Verleumder, *diabolos*, der Spalter, der Verwirrer) und zur Rechten der *Parákletos*, der Anwalt, der Rechtsbeistand, der Verteidiger. Darin besteht dem Johannesevangelium zufolge die Aufgabe des Heiligen Geistes: Er verteidigt uns, er setzt sich für uns ein.

Jesus bezeichnet im heutigen Evangelium den Geist als den *anderen* Anwalt, weil er selbst der erste Beistand der Jünger ist. Jesus geht jedoch auf den Tod zu, deshalb muss diese Aufgabe – und nicht nur diese – der Geist Gottes übernehmen, der »Geist der Wahrheit«. Gemäß den Worten Jesu wird dieser Geist immer mit uns, mit den Jüngern Jesu, sein, er wird uns in die Fülle der Wahrheit einführen und wird uns an die Worte Jesu erinnern. Diese Erinnerung (*anámnesis*) ist nicht nur ein Hilfsmittel für unser schwaches Gedächtnis, sondern ein Prozess der Einführung in einen tieferen, häufig verborgenen Sinn der Worte Jesu.

Bereits das Johannesevangelium warnt vor einer oberflächlichen, wortwörtlichen, banalen Lektüre der Bibel (aber auch der Lehre der Kirche). Diese bezeichnen wir heute meistens mit dem Wort *Fundamentalismus*, nach einer Schule des konservativen amerikanischen Protestantismus an der Schwelle des 20. Jahrhunderts, der die Evolutionstheorie und einen literarisch-kritischen Zugang zum biblischen Text ablehnte. Allem Anschein nach gab es jedoch schon in den ersten christlichen Generationen »Fundamentalisten«, denen in der Religion sofort alles klar war und die keine Zeit mit

Nachdenken und Besinnung verlieren wollten. Diese verursachten und verursachen in der Religionsgeschichte viel Schaden.

Demgegenüber ist diese Rede Jesu, die vom Johannesevangelium in die Szene des letzten Abendmahls und der Verabschiedung von seinen Jüngern platziert wurde, eine große Verteidigung der Theologie. Die Verteidigung einer Theologie als eines Abenteuers des Denkens, als eines Nachdenkens über den Glauben, als einer sorgfältigen und dabei aufregenden Bemühung, die Sprache der biblischen Bilder und Metaphern zu verstehen. Es ist der Weg zur Wahrheit, der in der Geschichte nie enden wird.

Die Wahrheit offenbart sich uns in Fülle – erinnern wir uns wieder an die Worte des ersten und größten christlichen Theologen und Apostels Paulus –, wenn wir Gott von Angesicht zu Angesicht gegenüberstehen. Hier auf der Erde sehen wir die Wahrheit nur teilweise, wie im Spiegel, wie in Rätseln (vgl. 1 Kor 13,12).

In einer unglücklichen Zeit der Geschichte der Theologie, im 19. Jahrhundert, ließ sich einer ihrer Ströme zu dem Versuch hinreißen, eine »Wissenschaft von Gott« in der Art der neuzeitlichen Naturwissenschaften aufzubauen. Er schuf so einen gewissen »theologischen Positivismus«, er wollte auch – wie es Descartes der neuzeitlichen Philosophie und der Wissenschaft versprach – dem religiösen Denken die Ideen *clare et distincte,* klar und deutlich bieten. Die Welt der Syllogismen, der in sich logisch ineinanderfallenden Behauptungen, sollte jene abenteuerliche Suche ersetzen, welche die schöpferische Fantasie, die Fähigkeit, der Sprache der Bilder zu lauschen, einschließt und in die stille Kontemplation des unausfprechlichen Geheimnisses mündet. Auch heute begegnen wir oftmals diesem Typ von Theologie. Hans Urs von Balthasar, der große Theologe des 20. Jahrhunderts, hielt den Augenblick für die größte Tragödie der christlichen Geschichte, als die Theologie die kontemplative Stille der Klöster verließ und versuchte, zu einer wissenschaftlichen Disziplin zu werden, die Regeln folgt, die ihrem Wesen fremd sind.

Heute verlässt jedoch auch die Wissenschaft das Ideal eines widerspruchslosen Systems und wird sich immer mehr der tiefen Kluft des Geheimnisses hinter all unserem Wissen bewusst. Ein Problem können wir lösen und Klarheit schaffen. Das Geheimnis hat jedoch keinen Boden. Die Tatsache, dass wir die unerschöpfliche Tiefe der Wahrheit anerkennen, verpflichtet uns, die Freiheit der Menschen zu respektieren, die Wahrheit mit verschiedenen Mitteln zu suchen und stets neue Züge von ihr zu entdecken. Der große christliche Philosoph Paul Ricœur schrieb von einem legitimen *Konflikt der Interpretationen.*

Der Weg zur Wahrheit erfordert selbstverständlich Disziplin und eine Kultur des Nachdenkens. Er erfordert jedoch nicht nur rationale Arbeit, sondern auch Kontemplation, Besinnung, in der wir versuchen, uns zu versenken jenseits aller Worte, Definitionen, Begriffe und Bilder. Dies ist ein wesentliches Merkmal unseres Weges zur Reife des Glaubens. Ohne die Kunst, kontemplativ zuzuhören, kann der Glaube zu einer Ideologie werden und sich statt seiner heilenden und erlösenden Kraft in eine vernichtende Waffe verwandeln.

Kommen wir jedoch noch kurz zu einem Satz der heutigen zweiten Lesung aus dem Brief des Apostels Petrus: »Seid allezeit bereit zur Antwort einem jeden gegenüber, der von euch Rechenschaft fordert über die Hoffnung in euch« (1 Petr 3,15).

Die göttliche Trinität entspricht der Trinität der sogenannten göttlichen Tugenden: Glaube, Hoffnung, Liebe. In der griechischen Theologie benutzt man in den Überlegungen über die Beziehungen zwischen den Personen einen schönen Ausdruck: die *perichóresis*, das gegenseitige Durchdringen. Immer kommt mir dabei die Szene in den Sinn, die auf einer östlichen Ikone aufgezeichnet ist: Die Personen der Trinität halten sich an den Händen und tanzen zusammen im Chorraum. Wir können in unserer Fantasie dieses Bild des Tanzes aufleben lassen, der so dynamisch ist, dass sich die Figuren vor unseren Augen ununterscheidbar durchdringen. Die Einheit in der Vielheit! Die Einheit in der Bewegung!

Ich denke, dass wir diesen Begriff des gegenseitigen Durchdringens auch in Bezug auf die Dynamik jener drei Tugenden benutzen können. Der Glaube, die Hoffnung und die Liebe durchdringen sich gegenseitig, sie sind nicht zu trennen! Der Glaube würde ohne die Liebe und ohne die Hoffnung schnell in eine Ideologie umschlagen, die den Menschen zu Recht missfällt, ja sogar widerlich ist. Der Glaube muss offen bleiben. Er muss durch die Liebe zu den anderen offen sein, durch den Respekt gegenüber ihrer Freiheit. Wir müssen Rechenschaft über unser Christsein abgeben, wie wir es in der zweiten Lesung gehört haben, mit »Sanftmut und Ehrfurcht« (1 Petr 3,16). Schon der Autor des Petrusbriefes kannte allem Anschein nach solche lauten, arroganten und manipulierenden Prediger und warnte vor ihnen. Sprechen wir feinfühlig vom Glauben, legen wir die Arroganz ab, die einzige Wahrheit zu besitzen.

Predigt für den sechsten Sonntag der Osterzeit

Wenn ein Glaube wirklich christlich sein soll, muss er weiterhin mit der Hoffnung verbunden sein. Wenn wir von Gott, von seinem Willen und vom ewigen Leben sprechen, sind wir nicht diejenigen, die Gott vertraulich über die Schultern schauen können, eine Antwort auf alle Fragen haben und deshalb über andere urteilen können. »Ich glaube« bedeutet nicht »ich weiß«. Es bedeutet eher »ich vertraue« und »ich habe die Hoffnung, dass es so ist«, dass ich es richtig verstehe. Die Fülle der Wahrheit erkennen wir erst am Schluss, im Angesicht Gottes, der in jenem Moment sowohl Ungläubige als auch Gläubige überraschen wird.

Es wird der Augenblick des Gerichts sein. Das heutige Evangelium gibt uns die Hoffnung auch für den Augenblick des Gerichts, das auf jeden von uns wartet. Wir werden einen ausgezeichneten und unbestechlichen Anwalt, einen Fürsprecher, den *Paraklet* an unserer Seite haben. Die Welt – das meint hier: ein in sich abgeschlossenes Leben ohne Glauben, ohne Liebe und ohne Hoffnung – kennt ihn nicht. Aber falls wir den Weg Jesu gehen, dann kennen und verspüren wir schon auf eine gewisse Art den verheißenen Geist: »Er bleibt bei euch und ist in euch« (vgl. Joh 14,17). Er gibt uns die Hoffnung; er führt uns allmählich in die Tiefe der Wahrheit. Legen wir darüber Rechenschaft ab – jedoch still, bescheiden und feinfühlig.

Amen.

Richten wir nicht – auch nicht uns selbst!

Predigt für den siebten Sonntag der Osterzeit/ Christi Himmelfahrt

Seht, ich bin bei euch alle Tage bis ans Ende der Zeiten.
Mt 28,20

Meine Lieben,

das heutige Fest erinnert uns an die Himmelfahrt Christi.[24] In der Apostelgeschichte und in den synoptischen Evangelien finden wir unterschiedliche Schilderungen dieses Ereignisses.

Als aufmerksamer Leser der Heiligen Schrift ist man es gewohnt, dass ein Ereignis unterschiedlich überliefert wird – angefangen mit der Erschaffung der Welt und des Menschen und endend mit den Begegnungen mit dem auferstandenen Jesus und der Gabe des Geistes. Die Kirche bewahrt diese Pluralität und respektiert sie. Damit deutet sie an, dass uns die Bibel keine genauen Protokolle mit Aufzeichnungen konkreter Ereignisse darlegt, sondern etwas viel Wertvolleres bietet: ein Glaubenszeugnis, das aus verschiedenen Perspektiven unter die Oberfläche der Ebene der Ereignisse zum Geheimnis ihres Sinns vordringt.

Es ist sinnvoll, wiederholt daran zu erinnern, dass die Wahrheit eines biblischen Textes in etwas viel Tieferem besteht als in der historischen Genauigkeit einzelner Darstellungen. Die Bibel beantwortet uns nicht die Frage, wie genau und wann dieses oder jenes en détail geschah, ob Jesus bestimmte Worte gerade beim letzten Abendmahl oder ein anderes Mal sprach oder ob es sich um eine spätere Meditation über seine Worte handelt. Solche Fragen stellten sich die Bibelautoren nicht, denn sie sind auch nicht wesentlich.

Die biblische Auffassung von Wahrheit unterscheidet sich sehr von derjenigen, welche die *Moderne* – einschließlich jener christlichen Apologeten, die sich eifrig und vergebens bemühen, jene Unterschiede in den biblischen Erzählungen zu verdecken und »wegzuerklären« – vom Positivismus und Historismus der späten Aufklärung, besonders des 19. Jahrhunderts übernahm.

Im Gegenteil dazu entdeckt die *Postmoderne*, wie sich die Auffassung der Wahrheit in der Geschichte ändert. Dies ist ein sehr wertvolles Geschenk für die Theologie, für den Glauben und für die Lektüre der Bibel. Die postmoderne Wertschätzung der Pluralität kehrt dadurch zu der weisen Antwort zurück, die bereits der große Theologe der christlichen Antike, Origenes, denjenigen gab, welche die Vielstimmigkeit der biblischen Darstellungen störte: Gott selbst warne uns vor einer oberflächlichen, wortwörtlichen (heute würden wir sagen: fundamentalistischen) Lektüre, indem er widersprüchliche Stellen in die Schrift legt, um darauf hinzuweisen, dass der biblische Text Metaphern anwendet und weitere Bedeutungen verbirgt.

Das wussten übrigens schon lange vor Origenes die rabbinischen Kommentare der hebräischen Bibel. Sie wiesen auf die verschiedenen Sinnebenen der biblischen Texte hin, auf eine Menge verschiedener Bedeutungen, die sich bei einem aufmerksamen Studium und Betrachten in einem Satz der Schrift finden lassen – und dass man sich über diese Buntheit, über den Reichtum dieser Verschiedenheit freuen kann. Deshalb ist die biblische Theologie anspruchsvoll und verantwortungsvoll, aber auch eine aufregende und schöpferische Arbeit der Vernunft und des Herzens.

Kommen wir jedoch zum Thema des heutigen Festes zurück. Die verschiedenen Erzählungen über die Himmelfahrt Christi geben wichtige Anregungen zur Meditation. Gemäß der Apostelgeschichte lagen zwischen der Auferstehung und der Himmelfahrt Christi vierzig Tage. Die Zahlenangaben in der Bibel haben in der Regel eine tiefere symbolische Bedeutung. Vierzig ist die Zahl, welche die Zeit der Vorbereitung auf etwas Neues bezeichnet. Vierzig Tage war die Erde überflutet, vierzig Jahre wanderten die Juden ins Gelobte Land, vierzig Tage war Elija auf dem Berg Horeb, vierzig Tage fastete Jesus in der Wüste. Für einige Autoren der spirituellen Literatur sind die ersten vierzig Jahre des menschlichen Lebens nur eine Vorbereitung auf das reife geistliche Leben, wie Anselm Grün häufig erwähnt.

Vierzig Tage dauerte jene besondere Zeit, in der die Botschaft von der Auferstehung allmählich in die Trauer und die Skepsis der Jünger Jesu einbrach und ihren gekreuzigten Glauben wiederbelebte. Sie lernten zu verstehen, auf welche Art der auferstandene Jesus nun mit ihnen sein wird.

Dasselbe spielt sich auch in der Szene der Himmelfahrt ab. Wir hören hier einen der wichtigsten Sätze des Neuen Testaments: »Mir ist alle Gewalt gegeben im Himmel und auf der Erde [...]. Seht, ich bin bei euch alle Tage bis ans Ende der Welt« (Mt 28,18–20).

Es kann uns stutzig machen, dass der Versucher Jesus genau diese Gewalt, diese Macht in der Wüste versprach. Der Geist des Bösen stellte jedoch die Bedingung, dass Jesus sich vor ihm niederwerfe – dann bekäme er sie schnell und einfach.

Dieses Angebot lehnte Jesus resolut ab, ähnlich wie den Vorschlag, mit einem magischen Trick Steine in Brot zu verwandeln oder die Menschenmenge mit einem effektvollen Sprung von der Zinne des Tempels zu blenden.

Der Versucher bot Jesus teuflisch billige Lösungen an: ein Messias des effektvollen Erfolgs zu werden, ein Messias ohne Kreuz. Aber Christus ohne Kreuz wäre der Antichrist. Jesus verwandelt nicht mit einem magischen Trick Steine in Brot, er stürzt sich nicht hinab in die versprochenen Hände der Engel (vgl. Mt 4,1–11). Im Gegenteil: Er lässt sich zerschmettern an der harten Realität unserer Welt, tritt in den Konflikt mit ihrer Macht ein, nimmt das Kreuz eines konsequenten Zeugen für die Wahrheit an. Dadurch wird er jedoch selbst zu dem Brot, das verteilt wird und die Menschenmengen sättigt. Er sättigt ihren Hunger nach Liebe und nach Wahrheit.

Erst wenn er durch das Tor des Leids und des Todes geht, offenbart er sich als der Herr des Himmels und der Erde. Die Macht, die ihm gegeben ist, ist nicht die Macht *dieser* Welt, jene Macht, die mit der Lüge und der Gewalt verbunden ist. Die Macht seiner Gegenwart, die seine Jünger annehmen sollen, ist die Macht des Geistes der Wahrheit. Mit dieser Macht ausgestattet, werden sie zu *Zeugen der Auferste-*

Predigt für den siebten Sonntag der Osterzeit/Christi Himmelfahrt

hung – das bedeutet: Sie sollen mit ihrem Leben bezeugen, dass Christus lebt; dass er in der Welt auch in ihnen und durch sie lebt.

Die Botschaft von der Auferstehung ist nicht primär eine Antwort auf die Frage, was mit dem Leichnam Jesu passierte. Sie ist vor allem ein Zeugnis davon, dass Jesus nicht der Vergangenheit angehört, dem Tod, dem Vergessen, sondern dass er auf einer neuen Weise in unserer Welt anwesend ist und dass er die absolute Zukunft von jedem von uns ist. Er ist der Anfang und das Ende, der Weg und das Ziel, Alpha und Omega, wie wir es mit den Worten der Johannesoffenbarung zu Beginn der Liturgie der Osternacht bekennen.

Die Szene der Himmelfahrt, wie sie der Anfang der Apostelgeschichte schildert, die erste Lesung des heutigen Gottesdienstes, ist kein Augenblick eines sentimentalen letzten Abschieds. Engel erscheinen an der Seite der Apostel, die in den Himmel schauen, und wenden ihre Blicke zurück auf die Erde, zu den Aufgaben, die sie in der Welt haben, bis Jesus am Ende der Geschichte wieder zu ihnen kommen wird.

Ich kann mir in diesem Zusammenhang eine humorvolle Erinnerung nicht verkneifen. Einmal, vor einer langen Zeit, habe ich in dieser Kirche jene Engelsbotschaft mit den Worten nacherzählt: »Jungs, was steht ihr hier und glotzt tranfunzlig in den Himmel? Krempelt die Ärmel hoch und macht euch an die Arbeit!« Als ich dann am Abend mein Gewissen prüfte, habe ich mich für diese Worte ein wenig geschämt. Passt denn ein solcher Ton in eine Akademische Pfarrgemeinde?

Nicht lange danach erschien in der Sakristei unserer Kirche ein mir völlig unbekannter Mann. »Ich wollte mich bei

Ihnen sehr bedanken«, sagte er mir. Ich schaute ihn fragend an. »Sie kennen mich nicht«, sagte er, »ich gehe nicht oft in die Kirche. Aber einmal bin ich an Ihrer Kirche vorbeigekommen und bin aus purer Neugierde hineingegangen. Sie haben gerade gepredigt. Ich habe nicht viel davon verstanden und kann mich nur an wenig erinnern. Aber ein Satz hat mich voll ins Herz getroffen. Sie haben gesagt: ›Warum steht ihr hier und glotzt in den Himmel?‹ Und ich bin mir in dem Moment bewusst geworden, dass ich eigentlich schon seit Jahren nur für nichts und wieder nichts in den Himmel glotze, aber jetzt die Zeit gekommen ist, dass ich etwas Grundsätzliches mit meinem Leben anfange. Und das habe ich auch getan. Sie, Herr Pfarrer, haben mit diesen Worten eine grundsätzliche Wende in meinem Leben verursacht! Ich bin heute gekommen um mich bei Ihnen zu bedanken.«

Ich war mir dessen gut bewusst, dass dies nicht mein Verdienst war. Aber dies war für mich eine wertvolle Erfahrung, dass uns Gott anders benutzen kann, als wir denken, und dass er vielleicht uns und unsere Handlungen anders bewertet, als wir sie bewerten. Manchmal zählt das, worauf wir stolz sind, in seinen Augen gar nichts, und umgekehrt kann er das, wofür wir uns schämen, erstaunlicherweise zum Guten wenden.

Das Wort Jesu »Richtet nicht ...« (Mt 7,1) begreifen wir oft nur als eine Anweisung für unsere Beziehung zu den anderen. Wir sollten jedoch auch im Urteil über uns selbst demütig und enthaltsam sein. Nur Gott sieht aus seiner göttlichen Perspektive alles vollständig und wahrhaftig. Nur er kennt die Geheimnisse der Herzen und alle Zusammenhänge. Wir besitzen nicht die Wahrheit, wir sehen alles – erinnern wir uns immer wieder an jene Worte des Apostels Paulus – nur fragmentarisch, wie im Spiegel, rätselhaft.

Es ist sicher gut, sein Gewissen zu prüfen, aber überlassen wir das letzte Wort und das letzte Urteil immer Gott. Manchmal wird er uns auch in dieser Welt mit dem ihm eigenen Humor damit überraschen, dass er viele Sachen anders sieht als wir – und dass er auch uns manchmal eher mit dem, was wir an uns nicht schätzen, als mit dem, worauf wir stolz sind, zu seinem Werk in der Welt und in den menschlichen Schicksalen benutzen kann.

Ihm sei Ruhm und Ehre in alle Ewigkeit.

Amen.

Der Pfingsttag ist angebrochen

Predigt für das Fest der Aussendung des Heiligen Geistes

Wo der Geist des Herrn ist, da ist Freiheit.
2 Kor 3,17

Meine Lieben,
   mit dem Fest der Aussendung des Geistes endet die fünfzigtägige Osterzeit. Diese Ansprache ist auch die letzte aus dem Zyklus der Predigten und Betrachtungen für die Sonn- und Feiertage des österlichen Festkreises, mit denen ich Sie in dieser merkwürdigen Zeit der leeren, geschlossenen Kirchen begleiten durfte. Ab diesem Sonntag wird unsere Kirche nicht mehr leer sein.

»Als der Pfingsttag angebrochen war, befanden sich alle am gleichen Ort« (Apg 2,1), lesen wir in der ersten Lesung des heutigen Gottesdienstes. Auch wir werden wieder beieinander sein, wenn auch bei Weitem nicht alle. Während der Zeit der geschlossenen Kirchen hat unsere Pfarrgemeinschaft bemerkenswerterweise einen Zuwachs um einige Zehntausend regelmäßige Zuhörer dieser Ansprachen erlebt, und wir müssen uns von ihnen nicht endgültig verabschieden.

Übrigens, unsere »Salvatorgemeinschaft«, die wir in dieser Kirche unmittelbar nach dem Fall des Kommunismus gründeten und die später die Form der Akademischen Pfarrgemeinde erhielt, überschritt schon längst den physischen

Raum dieses Kirchengebäudes. Gott sei Dank wird sie von Jahr zu Jahr größer, sie schenkte der tschechischen Kirche viele neue Christen und eine Reihe von neuen Priester- und Ordensberufungen. Sie wurde zu einem der charakteristischen Gesichter des zeitgenössischen tschechischen Christentums, zu einer Werkstatt eines bestimmten Stils des Durchdenkens und Durchlebens des Glaubens. Zum Glück ist diese Gemeinschaft in unserer Kirche nicht mehr allein und isoliert – wir stehen in einer lebendigen Verbindung, Zusammenarbeit und in der gegenseitigen Inspiration mit ähnlich denkenden christlichen Gemeinschaften in verschiedenen Pfarrgemeinden, Ordenskommunitäten und kirchlichen Bewegungen, und das auch in anderen Kirchen und in anderen Ländern.

Seien wir uns dieser wichtigen und hoffnungsvollen Tatsache bewusst. Obwohl sich in unserem Land und in einem breiteren Umkreis unserer Zivilisation viele Kirchen leeren, die Anzahl der Menschen, die sich zur Zugehörigkeit zu einer Kirche bekennen, von Jahr zu Jahr sinkt und ein bestimmter Typ des Christentums zu Ende geht, gibt es keinen Grund zu Verzweiflung und Hoffnungslosigkeit. Auch dies gehört zur Botschaft von Ostern: Auch im Christentum muss etwas sterben, damit es in einer neuen, verwandelten Form auferstehen kann. Und diese neue Form wird bereits geboren und wir können Zeugen dieser Geburt sein und aktiv daran teilnehmen.

Sprechen wir davon an diesem Pfingsttag, den wir als den Geburtstag der Kirche feiern, welchen Typ des Christentums wir anstreben wollen, welche Gestalt des Christentums – weil das Christentum immer viele Gesichter hatte und hat – wir für eine ehrliche Antwort auf die Herausforderung Gottes halten, auf die Zeichen der Zeit hier und jetzt. Werden wir uns jedoch gleichzeitig demütig bewusst, dass wir stets nur auf dem Weg sind und dass uns viele unserer menschlichen Schwächen auf diesem Weg aufhalten und lähmen können.

Es geht uns um einen erwägenden und offenen Glauben, der in die Kultur unserer Gesellschaft inkarniert ist, der im Dialog steht mit der Philosophie, der Wissenschaft und den Künsten. Wir wollen die warnenden Worte von Papst Johannes Paul II. ernst nehmen, dass ein Glaube ohne Denken, eine Religion ohne Vernunft gefährlich sind. Kardinal Martini, einer der weisesten Hirten des 20. Jahrhunderts, der auch Papst Franziskus inspirierte, sagte: Ich habe keine Angst vor Menschen, die nicht glauben – ich habe Angst vor Menschen, die nicht denken.

Die Kirche erinnert uns aus dem Mund der Päpste des letzten halben Jahrhunderts eindringlich daran, dass ihre wichtigste Berufung, die Evangelisierung, nicht im wortwörtlichen Verkünden besteht (und fügen wir hinzu: schon gar nicht im bloßen mechanischen Wiederholen alter Wahrheiten oder in einer emotional angeheiterten Frömmigkeit), sondern in der *Inkulturation*, in der Pflege der schöpferischen Inkarnation des Geistes des Evangeliums in die gelebte Kultur dieser Zeit und Gesellschaft.

Ein kritisches Denken hilft dem Glauben, die Gefahr einer billigen Anpassung an die Stimmungen in der Gesellschaft zu vermeiden. Das Christentum darf gegenüber dem, was um uns herum sich *an der Oberfläche* abspielt, nicht unkritisch konform sein, es kann nicht unkritisch die Mehrheitsmeinung übernehmen. Man sagt, dass derjenige bald zu einem Witwer werden wird, der den Zeitgeist heiratet. Eine ebenso gefährliche Versuchung für Christen besteht jedoch darin, nostalgisch in die Vergangenheit zu blicken und von einer Welt zu träumen, die bereits unwiederbringlich unterging. Erinnern wir uns an die Frau Lots, die sich zurückwandte und zur Salzsäule erstarrte (vgl. Gen 19). Christen sollen aber das Salz der Erde sein, keine Salzsäulen.

Die Jünger Jesu sollen einer Religion der Pharisäer und Gesetzeslehrer in der Gestalt eines Systems von Verboten und Geboten widersprechen. *Das Christentum ist eine Kunst: die Kunst zu leben.* Unser gelebtes Christentum soll eine originelle und schöpferische Interpretation des Evangeliums sein. Wir müssen uns immer um ein tieferes Verständnis des göttlichen Wortes bemühen, um es verständlich und überzeugend den Menschen um uns herum übermitteln zu können. Erinnern wir uns an die Heiligen und ihre Originalität: Viele von ihnen brachten aus dem unerschöpflichen Schatz des Geheimnisses Christi angesichts der Bedürfnisse ihrer Zeit und ihrer Gesellschaft etwas Neues, bisher Unentdecktes oder Vernachlässigtes hervor. Für diese ihre Originalität stießen viele von ihnen in der Kirche und in der Gesellschaft ihrer Zeit auf Hindernisse, Unverständnis und auf Feindschaft. Aber gerade auf diese Feindschaft und Verfolgung – auch durch Nahestehende – bereitete Jesus seine Jünger ausdrücklich vor.

Dies ist die Botschaft des Pfingstfestes: Die Kirche wird aus der Gabe des Geistes geboren, der Heilige Geist ist ihre »Biosphäre«. Die erste Gabe des Geistes gemäß der heutigen Lesung aus der Apostelgeschichte ist die Gabe, die Menschen aller Nationen, Kulturen und Sprachen verständlich anzusprechen.

Der alte Mythos vom Turmbau zu Babel beschreibt im Buch Genesis eine der Formen der Ur-Sünde, des Anfangs des Bösen: Wie das erste Paar im Garten Eden wollten auch die Menschen in der Ebene von Babylon Gott gleich werden, indem sie einen Turm erbauten, der bis zum Reich Gottes reicht. Die Geschichte ist voll von Ruinen solcher babylonischen Türme des menschlichen Stolzes, von Versuchen, durch die eigene Kraft den Himmel auf Erden zu schaffen – dazu gehören auch die Ruinen der totalitären Regime des 20. Jahrhunderts, die den Geist und das Herz vieler Menschen auch in unserer Gesellschaft bis heute verletzten und quälen.

Das Buch Genesis sagt uns, dass die tragische Folge der babylonischen Sünde die Sprachverwirrung ist – eine Verwundung der Menschheit auf dem Gebiet des gegenseitigen Verständnisses, der Kommunikation und des Zusammenlebens. Diejenigen, die heute Nationalismus und Chauvinismus predigen, die Mauern bauen zwischen Nationen, Kulturen und Religionen, streuen Salz in jene Wunden, gießen Gift in sie hinein.

Die Kirche wird an Pfingsten als *Anti-Babylon* geboren, als eine Gemeinschaft, die die Mauern der Vorurteile überwindet und zur Einheit in Verschiedenheit einlädt. Dies ist die Berufung der Kirche und das Zeichen ihrer Echtheit. Die Pluralität und die Buntheit wird bewahrt. Die Schöpfung Gottes – und damit auch die Kirche – ist nicht uniform einheitlich wie ein grauer Kasernenhof, sondern sie bewahrt und entwickelt die farbige Buntheit des Lebens. Die Apostel bekamen an Pfingsten die Gabe, so zu sprechen, dass die vielen

Menschen sie trotz aller Verschiedenheit verstehen können. Darin besteht die große Berufung der Kirche.

Bei einer heutigen Reform des Christentums darf die *Erneuerung der Sprache der Kirche* nicht außer Acht gelassen werden. Es sollte eine lebendige, schöne, poetische und verständliche Sprache sein, weder eine künstliche »Kirchensprache« der leeren, fromm-süßen Phrasen (erinnern wir uns an das »Ptydepe«, an die künstliche Sprache der Funktionäre aus Václav Havels Schauspiel *Die Benachrichtigung*) noch eine billige und anbiedernde Nachahmung eines Modeslangs.

Der andere, und wie ich das heute sehe, wesentlichste Zug jenes Typs des Christentums, zu dem wir uns bekennen, ist der *Nachdruck, den wir auf die Spiritualität, die Kunst des geistlichen Lebens legen*. Das Durchdenken des Glaubens ist nicht nur eine intellektuelle Aufgabe. Dieses Durchdenken muss bis dorthin gelangen, wo der bloßen Vernunft angesichts der Tiefe des Geheimnisses schwindelig wird. Wenn wir die Angst aus der Religion verdrängen wollen, müssen wir das entdecken, wozu die Bibel »Furcht« sagt – die *Gottesfurcht*. Diese kann sogar ein Medikament gegen die Angst und einen gewissen Typ der existenziellen Bangigkeit einer kranken Zivilisation sein, die den Sinn für das Geheimnis verlor. Die Gottesfurcht ist weder Angst noch Bangigkeit, sondern eine tiefe Hochachtung, ein Staunen – wenn Sie wollen: ein Erwachen, eine Erleuchtung, ein Geblendetsein durch die Fülle des Lichtes.

Das Geheimnis der Vitalität unserer Pfarrgemeinde und der breiten geistigen Salvatorfamilie sind bei Weitem nicht nur Predigten, Vorträge und Diskussionen, sondern Kontemplationskurse, bei denen wir aus dem Reich der Worte hinaustreten in die Welt der Stille, der Anbetung der geheimnisvollen Anwesenheit Gottes in allen Dingen. Eine neue Kirchensprache, eine lebendige Liturgie, aber vor allem die Praxis des christlichen Lebens in der Gesellschaft müssen ihre Kraft aus der Kontemplation schöpfen.

Das, was die Lebendigkeit, die Authentizität, die Verständlichkeit und die Glaubwürdigkeit des Christentums in unserer Zeit und in unserer Welt erneuern kann, ist eine *Kultur des geistlichen Lebens*. Es ist notwendig, die Menschen, die von der heutigen hektischen Zivilisation ermüdet sind, zum Innehalten zu führen. Ist denn nicht auch dies eine wichtige Berufung in der Pandemie?

Ja, es ist manchmal sinnvoll, auch die gewöhnliche »Kirchenpraxis«, wenn sie sich in Routine und passiven Konsum verwandelt hat, zu unterbrechen und neue Wege zu suchen. Deshalb warnten wir vor dem Konsum von Gottesdiensten auf Fernseh- und Computerbildschirmen und boten vielmehr eine Inspiration für ein schöpferisches liturgisches Feiern in den Familien und für die persönliche Meditation an.

Auf jedem Schritt können wir uns davon überzeugen, dass es nötig ist, uns tiefer mit der Welt des Gebetes und der Meditation vertraut zu machen, zu zeigen, dass das Gebet nicht ein magisches Mittel ist, mit dem man Gott zwingen kann, dass er *meine* Wünsche, meinen Willen und meine »Bestellungen« erfüllen möge, sondern ein Raum der Stille, in dem wir den Willen Gottes suchen und die Kraft schöpfen, um *seine* Wünsche zu erfüllen. Ja, wie der Apostel Paulus sagt: Wir wissen oftmals nicht, um was wir bitten sollen – hören wir auf den Geist, der in uns betet (vgl. Röm 8,26 f.).

Der dritte wesentliche Zug des Christentums, wie wir es verstehen, besteht neben der intellektuellen und spirituellen Offenheit auch in einer *gesellschaftlichen Offenheit*, einer politischen Wachsamkeit unseres Glaubens. Bemühen wir uns, unser Denken, unser Gebetsleben, aber auch unser Wirken in der Gesellschaft dem Wirken des Geistes Gottes zu öffnen.

In unserer Zeit gibt es einen Hunger nach Spiritualität. In unsere Pfarrgemeinschaft kommen Menschen, die überrascht sind, dass sie ihren geistlichen Durst nicht mit einem Eintritt in esoterische Sekten stillen müssen, sondern dass es christliche Umgebungen gibt, welche die Worte Karl Rahners ernst nehmen, dass der Christ der Zukunft ein Mystiker sein wird oder er nicht mehr sein wird.

Das heutige Interesse an Spiritualität ist der Versuchung eines konsumistischen und oberflächlichen Zugangs ausgesetzt – der Bemühung, aus der Meditation ein modisches Accessoire eines angenehmen und unterhaltenden Lebensstils zu machen, eine stille und duftende Nische, in die man sich aus der lauten und komplizierten Welt flüchtet. Eine solche Frömmigkeit wäre tatsächlich eine Droge, Opium fürs Volk.

Die christliche Authentizität, die Echtheit und Ehrlichkeit des geistlichen Lebens erkennt man an der unzertrennlichen Verbindung von Kontemplation und Aktion. Im Unterschied zur Gnosis und zu den esoterischen Sekten – jener gefährlichen Versuchung des Christentums auf seinem ganzen Weg durch die Geschichte – ist das Christentum die *Religion der Fleischwerdung*. Der Geist schwebt nicht mehr über den Wassern und der finsteren und leeren Erde wie am Anfang (vgl. Gen 1,2), sondern er tritt in den Körper unserer Geschichte ein und wirkt in ihr, formt sie um – auch durch das Zeugnis des Glaubens, der Liebe und der Hoffnung der Jünger Jesu. Die gesellschaftliche Praxis der Christen, ihre kritische und schöpferische Anwesenheit in der gegenwärtigen Kultur und in der bürgerlichen Gesellschaft, im öffentlichen Leben, in der *polis*, ist die Erfüllung der Worte Jesu von den Christen als Sauerteig und Salz der Erde.

Unsere Welt ist nicht nur an dem neuen Coronavirus erkrankt. Es verbreiten sich in ihr die Ansteckungen hasserfüllter Ideologien, die von der Angst profitieren: der Populismus, der Nationalismus, der religiöse Fundamentalismus, Fake News, Verschwörungstheorien und das apokalyptische Erschrecken vor der Zukunft. Die gegenwärtige Krise hat uns von der Vorstellung geheilt, dass wir Regie führen über die Welt und das Leben, die Natur und die Geschichte, dass wir sie vollständig unter Kontrolle haben. Heute wissen wir um die Verletzlichkeit unserer Welt, davon, dass nach dieser andere Katastrophen kommen können und wahrscheinlich kommen werden. Wir müssen lernen, in einer solchen Welt zu leben.

Diese Aufgabe lässt sich nicht nur an Politiker, Ökonomen, Wissenschaftler und Techniker delegieren, auch wenn sie alle hier ihre Aufgabe und ihre Verantwortung haben. Vor der Welt des Glaubens steht heute eine große Aufgabe, die eine pädagogische, therapeutische, aber auch politische Dimension hat: sich und anderen beizubringen, in einer Wirklichkeit, über die wir nicht Regie führen, in einer Welt voller Paradoxien und Überraschungen, manchmal auch sehr harter Überraschungen, zu leben. Vielmals versagten die Kirche und die Theologen in dieser Aufgabe: Sie haben vielmehr künstlich Angst verbreitet und sich bemüht, daraus religiöses Kapital zu schlagen, magische Mittel und Beruhigungsdrogen zu verkaufen. Sie ließen sich in politische, nationale oder andere Gruppeninteressen einspannen. Ähnlich wie politische Populisten und Pseudo-Messiasse gaben sie sich für Besitzer der Wahrheit aus, die einfache, schwarz-weiße Antworten auf komplizierte Fragen boten.

Dieser Versuchung muss sich die Kirche in der Welt, in die wir eintreten, erwehren. Auf viele Fragen haben wir keine Antworten, wir müssen sie mit den Suchenden suchen. Wir müssen uns immer wieder neu dem Geist öffnen, von dem uns Jesus versprach, dass er uns in die Fülle der Wahrheit einführen wird. An Ostern sprachen wir von der Auferstehung als von einem sich fortsetzenden Ereignis, einer *resurrectio continua*. Werden wir uns an Pfingsten bewusst, dass auch die Gabe des Geistes (wortwörtlich: Inspiration) ein Prozess ist, der sich in der Kirchen- und in der Menschheitsgeschichte fortsetzt – »der Geist weht, wo er will« (Joh 3,8), lehrt Jesus, er lässt sich also überhaupt nicht von irgendwelchen Kirchenmauern begrenzen; er setzt sich auch in unseren persönlichen Lebensgeschichten fort.

Ein Glaube, der lebendig ist, reift und sich verwandelt, nimmt neue Formen an und bewahrt trotzdem seine Identität. Ein Lehrer des Glaubens, sagt Jesus, muss aus seinem anvertrauten Schatz Neues und Altes hervorholen (vgl. Mt 13,52), er muss sowohl auf Kontinuität als auch auf beständige Erneuerung und auf ein schöpferisches Wachstum achten.

Im heutigen Evangelium kommt Jesus zu den Jüngern, die aus Angst vor den Juden die Türen verschlossen hielten. Er

Predigt für das Fest der Aussendung des Heiligen Geistes

geht durch die verschlossene Tür und haucht die Apostel an. Er ahmt so die Geste des Schöpfers nach, der den Menschen aus Staub formte und ihm den Geist des Lebens einhauchte. Die Jünger waren in Angst und Hoffnungslosigkeit – in dieser Sünde gegen das Vertrauen, welches das Herz des Glaubens ist –, aber Jesus macht sie wieder lebendig. Mit der Macht des Geistes formen sie die Kirche und gestalten sie um. Sie reanimieren sie zu neuem Leben, auch wenn sie – erinnern wir uns an die Vision des Propheten Ezechiel – an das Tal voll verdorrter Gebeine erinnerte (vgl. Ez 37,1–14). Ja, diesem traurigen Tal ähneln tatsächlich manche Ausdrucksformen des heutigen Christentums.

Das Osterfest, das wir dieses Jahr *anders* durchgingen – und vielleicht tiefer als sonst – und auch das Pfingstfest, das wir gerade erleben, sollten uns jedoch mit dieser Andersartigkeit die Richtung des Weges aufzeigen. Über viele Wochen begleiteten uns gemeinsame Gedanken. Wir nehmen von dieser einen Gestalt der Gegenseitigkeit Abschied, und so möchte ich mich aufrichtig bei allen bedanken – nicht nur dafür, dass sie vielleicht diese Aufnahmen verfolgten, sondern auch für das aufmunternde Feedback. Wir können weiterhin in Verbindung bleiben – sowohl *live*, aus der Nähe, als auch mittels der sozialen Medien. Wir können mithilfe von gegenseitigen Gebeten und geistlicher Unterstützung verbunden bleiben.

Wir erfuhren und erfahren, dass man das Christentum durchdenken, erleben und in das Leben noch anders einführen kann als auf jene Arten und Weisen, welche geistlich suchende Menschen von den Kirchen eher entfernen und abstoßen. Wir erfahren die Kraft des Geistes, der trotz unserer Schwächen und Unvollkommenheiten auch heute in der Welt das Werk Gottes vollbringt.

Ich habe Sie mit diesen Betrachtungen zu einem Einblick in eine der bescheidenen Werkstätten und Laboratorien eines Christentums der Zukunft eingeladen – solche Hoffnungsinseln gibt es zum Glück heute mehrere. Pflegen wir sie, verteidigen wir sie, kultivieren wir sie und vermehren wir sie. Heute haben wir in unserer Pfarrgemeinde die Osterkerze gesegnet, weil wir dies an Ostern nicht tun konnten. Ich nehme also von Ihnen mit den Worten der Liturgie der Osternacht Abschied, die das Entzünden des Osterlichtes begleiten: »Christus ist glorreich auferstanden vom Tod. Sein Licht vertreibe das Dunkel der Herzen.«

Amen.

Anmerkungen

1 Die Aufnahmen der Predigten verfolgten auch Zuhörer in der Slowakei, tschechische und slowakische Studenten, die im Ausland studieren, tschechische und slowakische Landsleute, besonders in den USA und in Kanada. Während der Coronakrise wurden diese Videos auf Polnisch und Englisch untertitelt, sodass die Zahl der ausländischen Zuhörer bedeutend angestiegen ist.

2 Zu den weiteren Autoren der Akademischen Gemeinde gehören Pfarrvikar Marek Orko Vácha und die weiteren Mitglieder des Pfarrgemeindeteams: die Karmelitin Denisa Červenková, der Architekt Norbert Schmidt und Pastoralassistent Martin Staněk.

3 Die Akademische Gemeinde veranstaltet seit 25 Jahren den *Aschermittwoch der Künstler* als eine Gelegenheit der Begegnung der Welt des Glaubens und der zeitgenössischen Kunst. Jedes Jahr finden in der Fasten- und Adventszeit im Barockraum der Kirche künstlerische Aktionen statt. Wir organisieren hier Ausstellungen von Malern, Bildhauern oder Fotografen, ferner Konzerte, Theateraufführungen, Literaturabende, Autorenlesungen u. Ä. Es finden hier auch ökumenische Gottesdienste und Begegnungen bei gemeinsamen Meditationen und Gesprächen mit Repräsentanten verschiedener Religionen statt – zu ihren Teilnehmern gehörte z. B. der tibetische Dalai-Lama, ferner der Abt des buddhistischen Klosters auf dem Berg Hiei in Japan mit seinen Mönchen, Imam Ammar al-Hakim, Vertreter des Höchsten Islamrates im Irak, Takatoshi Bunya, der Vorsteher des shintoistischen kaiserlichen Heiligtums Goou Jinja aus Kyoto, der Rabbiner David Rosen aus Israel u. a.

4 Vgl. Dreher, R., *Die Benedikt-Option*. Eine Strategie für Christen in einer nachchristlichen Gesellschaft, Kisslegg 2018. Dreher beruft sich zu Unrecht auf den Gedanken einer »Parallel-Polis«, der in den siebziger und achtziger Jahren des letzten Jahrhunderts vom tschechischen katholischen Dissidenten Václav Benda verbreitet wurde. Etwas völlig anderes ist nämlich die Wirkung der Kirche in einem Land mit einem totalitären Polizeiapparat und in einer freien, pluralen Gesellschaft. Die Unfähigkeit, diesen grundsätzlichen Unterschied zu begreifen und »ohne Feind zu leben«, führt bestimmte Kreise der konservativen Katholiken zu einer Verwechslung von Katholizität mit einer sektiererischen Mentalität und zur geistlichen Sterilität.

5 Es zeigt sich, dass die geschlossenen Milieus einiger neuer geistlichen Bewegungen, die häufig mit dem Kult um den Gründer und anderer religiöser »Gurus« verbunden werden, eine ideale Brutstätte für viele Fälle von sexuellem und geistlichem Missbrauch waren, insbesondere des Missbrauchs von Frauen und Jugendlichen.

Anmerkungen

6 Das anfänglich konfuse Auftreten der Spitzenpolitiker in den Medien war sicher verständlich und entschuldbar, und die vielen frühzeitig getroffenen strengen Hygienemaßnahmen lassen sich wohl rückblickend als wirksam bewerten. Die Tatsache, dass der im öffentlichen Leben für eine lange Zeit völlig abwesende Präsident Miloš Zeman mit Ausnahme von einigen unglücklichen Kommentaren in der Krisenzeit unsichtbar und unhörbar geblieben ist, lässt sich ebenfalls als positiv bewerten. Zutage trat allerdings die typische Unterwürfigkeit der politischen Führung gegenüber China, das für den Verkauf von teuren und häufig unbrauchbaren medizinischen Produkten ostentative Ausdrücke der Dankbarkeit einforderte.

7 Ich meine vor allem die Autoren der »*Correctio filialis*«, die von vier Kardinälen und einer Gruppe von konservativen Theologen an Papst Franziskus adressiert wurde.

8 Vgl. Richard Rohr: Hiobs Botschaft: Das Geheimnis des Leidens. Übersetzt von Tilmann Haberer, Claudius Verlag, München, S. 168.

9 Dieser Essay wurde noch erweitert und ist bald in vielen Übersetzungen erschienen, z. B. https://dennikn.sk/1822709/krestanstvo-v-case-choroby/; https://wyborcza.pl/magazyn/7,124059,25826263, koscioly-jak-nagrobki-boga.html; https://www.zeit.de/2020/15/kirche-gottesdienste-coronavirus-gott; https://www.americamagazine.org/faith/2020/04/03/christianity-time-sickness; https://www.revistacriterio.com.ar/bloginst_new/2020/2020/04/03/los-cristianos-en-la-hora-de-la-pandemia; https://magyarkurir.hu/hirek/toma-halík-keresztenyseg-betegseg-idejen-i-resz; https://vitaepensiero.it/news-novita-il-segno-delle-chiese-vuote-5293.html; https://denikn.cz/333808/nastava-cas-videt-hlubsi-souvislosti-otresu-jistot-naseho-sveta; https://avvenire.it/agora/pagine/coronavirus-chiese-chiuse-pasqua-tomas-halik; https://www.ihu.unisinos.br/597821-este-e-o-momento-de-avancar-para-aguas-mais-profundas-artigo-de-tomas-halik; https://trouw.nl/religie-filosofie/de-coronacrisis-is-het-moment-voor-de-kerk-om-te-veranderen b2305794/; https://www.lavie.fr/debats/idees/les-eglises-fermees-un-signe-de-dieu-23-04-2020-105809_679.php; https://international.la-croix.com/news/closed-churches-are-foretaste-of-the-future-warns-tomas-halik/12290.

10 Siehe http://www.krestanskaakademie.cz/projecttempleton.

11 Eine hervorragende Analyse dieses Phänomens gab z. B. der Soziologe Ulrich Beck in seinem Buch *Der eigene Gott*. Von der Friedensfähigkeit und dem Gewaltpotential der Religionen. Frankfurt am Main 2008.

12 Als Beispiel kann eine ganze Galerie bedeutender tschechischer Intellektueller seit der Zeit der Spätaufklärung bis Karel Čapek und Václav Havel angeführt werden.

13 Die Aufnahmen von den Predigten und Betrachtungen sind auf den Webseiten

Anmerkungen

der Akademischen Pfarrgemeinde einsehbar unter http://www.farnostsalvator.cz/clanek/2638/pust-a-velikonoce-v-promluvach-tomase-halika#.

14 Verbirgst du dein Angesicht, so vergehen sie in Furcht; nimmst du ihnen den Atem, so schwinden sie hin und sinken zurück in den Staub. Du sendest aus deinen Hauch und sie werden geschaffen, und das Angesicht der Erde machst du neu.

15 Vgl. Nietzsche, F., *Die fröhliche Wissenschaft*, Zweites Buch, Aphorismus 125 (KSA 3, S. 480 ff.).

16 In dieser Reflexion rede ich vom Glauben eher vom Gesichtspunkt der Entwicklungs- und Sozialpsychologie. Sicher wäre es nützlich, diesen Blick um die theologische Perspektive zu ergänzen, die den Glauben als das Geschenk der göttlichen Gnade behandelt. Beide Blicke begreife ich als legitim und gegenseitig komplementär. Im Gleichnis Jesu über den Sämann sehe ich ihre gegenseitige Verknüpfung: Der Samen des göttlichen Geschenkes braucht zu seinem Leben einen fruchtbaren Boden – ein günstiges Ökosystem der persönlichen und gesellschaftlichen Kultur, in der der Same des »von oben« gegebenen Glaubens Wurzeln schlagen soll.

17 Zahradníček, Jan: Der Häftling Gottes. Gedichte 1945/1960. Übertragen und eingeleitet von Nikolaus Lobkowicz. Verlag Johann Wilhelm Naumann, Würzburg 1984. S. 53.

18 Vgl. Chesterton, G. K., *Introduction to the Book of Job*, London 2013.

19 Vgl. Kadowaki, J. K., *Zen and the Bible*, New York 2002.

20 Vgl. Chesterton, G. K., *Orthodoxie. Eine Handreichung für die Ungläubigen* (Die Andere Bibliothek 187), Frankfurt am Main 2000.

21 In einem Teil dieser Predigt komme ich auf Gedanken zurück, die in meinem Buch *Berühre die Wunden. Über Leid, Vertrauen und die Kunst der Verwandlung* (Freiburg i. Br. 2013) enthalten sind.

22 Vgl. Robinson, John A. T., Gott ist anders, München 1963.

23 Vgl. Teilhard de Chardin, P., *Das göttliche Milieu. Ein Entwurf des inneren Lebens*, Olten 1969.

24 Wir haben die Möglichkeit genutzt, das Fest Christi Himmelfahrt vom Donnerstag (dem vierzigsten Tag nach dem Fest der Auferstehung) auf den darauf folgenden Sonntag, d. h. auf den siebten Sonntag der Osterzeit zu verlegen.